Andreas Weber
mit Emma und Max

Das
Quatsch-Matsch-Buch

Das Aktionsbuch:
großstadttauglich und baumhausgeprüft

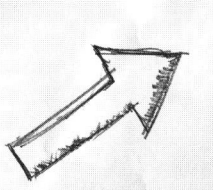

»Wildnis ist dort, wo man hemmungslos spielen kann.«
GARY NABHAN UND PAUL TRIMBLE

»Wir brauchen Menschen, die tapfer genug sind,
in den Städten auszuhalten und sie wieder
zur Wildnis zu machen.«
DAVID ABRAM

»Spiel ist die höchste Form der Forschung.«
ALBERT EINSTEIN

Verlagsgruppe Random House FSC®-N001967
Das für dieses Buch verwendete FSC®-zertifizierte Papier
Amber Graphic liefert Arctic Paper Munkedals AB, Schweden.

Copyright © 2013 Kösel-Verlag, München,
in der Verlagsgruppe Random House GmbH
Umschlag: Oliver Weiss, oweiss.com
Lektorat: Silke Uhlemann, München
Illustrationen: Andreas Weber, Berlin
Layout und Herstellung: Nadine Wagner, München
Druck und Bindung: GGP Media GmbH, Pößneck
Printed in Germany
ISBN 978-3-466-30983-2

Weitere Informationen zu diesem Buch und unserem
gesamten lieferbaren Programm finden Sie unter
www.koesel.de

Inhalt

Einleitung: Raus in den Weltinnenraum
Mehr Leben. Mehr Lieben. Erwachsen werden — 7

Die Welt ist ein Geschenk
Loslassen. Sich dreckig machen. Gewollt sein — 25

Vom Golfrasen zum Brachen-Paradies
Wie der eigene Garten zur Abenteuerzone wird — 45

Für jeden ein Tier
Fremde Lebendigkeit kann die eigene retten — 57

Occupy Stadtpark
Krieg den Grünanlagen, Friede den Baumhäusern! — 69

Die Schule als Wildnis
Nicht in der Schule, sondern im Leben lernen wir — 95

Hack your playground
Vom Geräte-Gefängnis zur selbst gebauten Welt — 115

Alle lieben Leben
Selbsthilfegruppe für das Prinzip Natur — 129

Straßen für Kinderscharen
Stadtumbau echt — 141

Ausblick
Für eine Pädagogik des Scheiterns — 149

Buchempfehlungen — 157

Empfehlenswerte Adressen — 159

Der Autor — 160

Einleitung:
Raus in den Weltinnenraum

Mehr Leben. Mehr Lieben.
Erwachsen werden

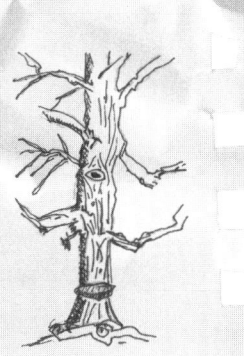

»Nur jemand, der sich nicht zum Instrument eines fremden Willens reduzieren lässt, kann seine persönlichen Bedürfnisse durchsetzen und seine legitimen Rechte verteidigen.«

ALICE MILLER[1]

Sein zweites Baumhaus baute mein Sohn Max in Italien. Das erste hatte schon wenige Tage nach dem Richtfest – einer anarchischen und selbst organisierten Kinderparty in Abwesenheit Erwachsener, mit gefegtem Waldboden, Chips und nie versiegender Fanta – das Berliner Ordnungsamt konfisziert. Die beiden Beamtinnen hatten die von den Kindern innerhalb einer Woche aus Holzbrettern, Seilen und Plastikfolie improvisierte Bude mit rot-weißem »Crime-Scene«-Flatterband abgesperrt und mit dem obligatorischen »Betreten verboten – Zuwiderhandlungen strafbar«-Hinweis behängt, inklusive amtlichem Siegel.
In Berlin, auch in jenem vernachlässigten Nachkriegs-Birken-Brachwald, konnte es also nicht weitergehen. Aber zum Glück begann

---

1 Alice Miller (1976): *Am Anfang war Erziehung*, Frankfurt/M.: Suhrkamp Verlag, S. 315

wenig später unser Leben in Italien. Ein halbes Jahr in einem winzigen Nest zwischen den schroffen Bergen, den verwunschenen Hügeln, den duftenden Wiesenhängen des ligurischen Apennin. In einem Renaissance-Städtchen, das seit Jahrhunderten in einem Dämmerschlaf ruht, am oberen Ende eines weiten und stillen Tales, wo zwei wilde Schotterflüsse sich zu einem einzigen zusammenfinden.

Vor dem rauschenden Bergfluss liegen die halb vernachlässigten Gärten im Frühjahr unter ihrem Apfel- und Aprikosen-Blütenschnee. Dahinter recken sich steile Hänge, bewaldet mit Eichen, Erlen, Eschen und Esskastanien. Wölfe inklusive, obwohl man die nicht sieht, höchstens, wenn die Jäger einen erwischt haben und ihn dann, wie schon geschehen, triumphierend am Markttag an einer Laterne aufknüpfen.

Das zweite Baumhaus entstand während unseres Sommers in Italien. Max baute es mit seinem besten Freund Riccardo und einigen Mädchen aus ihrer Klasse, mit denen sie sich zwischendurch immer wieder neckten und bekriegten: Denise, Rita, Virginia.

Max hatte die Lage seines Forts diesmal klüger gewählt. Obwohl in der italienischen Bergwildnis die Gefahr einer Ordnungsamt-Intervention im preußischen Stil geringer war. Das Ordnungsamt des Städtchens besteht nämlich nur aus der Dorfpolizistin, Antonella, deren Interventionen sich darauf beschränken, am Markttag die Halter falsch geparkter Autos durch lautes Trillern auf der Pfeife herbeizurufen und mit sanfter Ermahnung (aber ohne Strafzettel) zum Umparken zu bewegen. Ansonsten Wildnis.

Doch für alle Fälle hatte mein Sohn einen Platz gewählt, der überhaupt nur für Kinder zugänglich war, oder für solche Erwachsene, die in der Lage waren, sich wie Kinder zu verhalten. Das Fort wuchs an einem Steilhang auf den nach unten auskragenden Ästen einer Schwarzerle, die eine Art natürliches Fundament bildeten. Um hinzugelangen, musste man durch den Vara schwimmen.

Den ganzen Juni, Juli und August hindurch wuchs die Hütte, schwoll um neue Stockwerke an, erhielt Aussichtspunkte und Terrassen. Alles musste durch die reißende Strömung transportiert werden, bis die Kinder irgendwann eine Seilbahn installiert hatten, auf der auch sie dann

über das Wasser rasten. Mädchen und Jungen hämmerten und sägten, verputzten die Bretter mit Matsch und ließen sich zu wilden Schlammschlachten hinreißen – komplett in Kleidern und allem. Überhaupt begann der Tag damit, dass mein Sohn mit frisch gewaschenem T-Shirt und sauberen Shorts hinlief und dann ziemlich schnell mit allen Kleidern ins Wasser ging. Die dann den Tag über immer wieder im Sonnenglast an seinem Körper trockneten und erneut nass wurden. Die Bretter stammten aus dem Lager von Riccardos Onkel. Der besitzt

ein kleines Sägewerk. Nicht, dass er den Jungs das Holz geschenkt hätte. Im Gegenteil. Die beiden Freunde haben es geklaut. Systematisch. Strategisch. Geschickt. Haben die Bohlen auf dem Fahrrad zum Fluss transportiert und sie dann hinübergeflößt.
Aber bis zu dieser genussvollen Dreistigkeit war es ein langer Weg. Und am Anfang dieses Weges stand ich, der Vater, Buchautor und Naturphilosoph, der *wollte,* dass sein Sohn mit seinen italienischen Freunden das tut, was Generationen von Kindern vor ihm taten: Auf eigene Faust die Wildnis erobern, ohne Kontrolle von Erwachsenen. Der hoffte, dass sie lernten, im Zweifel auch gegen seinen eigenen Willen eine Form von schöpferischer Freiheit auszuleben, die ihnen heute fast ganz genommen ist.
So war es auch in unserem Dorf. Die Erwachsenen meiner Generation erzählten Geschichten, wie sie Nachmittage lang in den Stillwassern des Baches gespielt hatten, wie sie einen Wettkampf daraus machten, den Bauern die Kirschen zu klauen. »Wir waren immer nur draußen«, erinnert sich Giovanni, der Vermieter unseres kleinen Hauses. Aber nicht, weil er und seine Freunde von ihren Eltern angestiftet wurden, sondern weil es eine lebendige Überlieferung kindlicher Anarchie gab, die von Generation zu Generation weitergeflüstert wurde.
Darum stand vor dem Baumhausabenteuer von Riccardo und Max eine behutsame Ermöglichungsphase. In dieser musste ich quasi als naturphilosophischer Experte, der Argumente für kindlich-artgerechtes Verhalten recherchiert und systematisch angehäuft hatte, zuerst die Kinder interessieren und dann die Eltern überzeugen.
Denn Riccardo mochte zunächst gar nicht. Beim ersten Nachmittag am Fluss, den ich organisiert hatte, stand er trotz Hitze mit langer Hose und festen Schuhen am Wasser. Blickte ängstlich zum bedeckten Himmel auf, ob es nicht vielleicht regnen würde. Und als die anderen begannen, einander voll bekleidet ins Wasser zu schubsen und überhaupt völlig die Kontrolle zu verlieren, schlich Riccardo sich verstohlen davon. Sein Handy könnte nass werden.
Als er beim nächsten Mal ganz fehlte, ging ich zu ihm nach Hause. Der Junge saß vor dem Rechner. Das sei ihr lieber, sagte die Mutter. So

könne ihm nichts zustoßen. Und die Sommerferien-Hausaufgaben seien nicht einmal ausgepackt. (Ja, in Italien haben die Schüler zwar doppelt so lange Ferien wie in Deutschland, aber dafür bekommen sie einen fetten Stapel an Aufgaben mit nach Hause.)
Ich berief mich gnadenlos auf mein Expertentum. Sagte, dass ich ein Buch zum Thema recherchierte. Eine *GEO*-Titel-Reportage geschrieben habe. Übertrieb maßlos damit, dass ich genau der Mann sei, der ihr die Angst um ihren einzigen Sohn nehmen könne, die Angst um das Projekt »perfektes Kind, das auf nichts verzichten soll«. Ich rechnete ihr vor, wie schwer die ein für alle Mal gebahnten Bildschirmsucht-Synapsen im Hirn ihres Kindes dieses Projekt beeinträchtigen würden – und wie vernachlässigbar dagegen etwa ein gebrochener Arm sei, falls Riccardo vom Baum fiele. Dass 60 Prozent aller Unfälle sich zwischen geschlossenen vier Wänden ereignen.[2] Ich rechnete ihr vor, dass ein Kind nach statistischer Wahrscheinlichkeit 650 000 Jahre unbeaufsichtigt herumstehen müsse, um entführt zu werden.
Na gut, sagte sie irgendwann. Morgen. Für einen Nachmittag. Ich hatte sie gewonnen. Und langsam sank sie dahin. Die Ferienhausaufgaben blieben in der Schublade. Der Rechner blieb aus. Das mütterliche Radar auch. Max und sein Freund waren jeden Tag nach dem Frühstück fort. Kamen kurz herein, um etwas Pasta zu fassen. Verschwanden wieder. Waren jeden Tag sonnengebräunter. Am Ende hatte Riccardo den wildesten Sommer seines Lebens verbracht. War Tag für Tag durchnässt. Fing Forellen mit der Hand und briet sie. Illegal. Klebte Kaugummi ins Schloss der Hütte der Großen, als die ihr Fort geplündert hatten. Klaute Material auf der Baustelle nebenan.
Aber erst hatte ein Erwachsener ihn befreien müssen. Allein hätte er es nicht geschafft.
Die Situation war symptomatisch, wenngleich sie in einem italienischen Bergnest stattfand. Denn: Alle wundern sich darüber, dass immer weniger Kinder draußen spielen. Aber wir Erwachsenen sind es,

---

[2] http://www.gdv.de/2012/08/eltern-unterschaetzen-risiken-zuhause

die ihnen dabei im Weg stehen. Wir hindern sie daran, eine freie Kindheit zu haben. Wir, die wohlmeinenden, verängstigten Eltern. Wir, die wünschen, dass unsere Nachkommen das perfekte Leben führen. Bildung. Reife. Kompetenz. Wir löschen ihre lebendige Erfahrung aus. Mit dem allerbesten Willen.

Die Naturpädagogik boomt, BNE (»Bildung für Nachhaltige Entwicklung«) ist zu einem Lehrplanstandard geworden. Und doch fährt heute ein Großteil der Eltern ihre Kinder mit dem Auto in die Schule; ängstigen sich Biolehrer davor, auf eigene Faust in den Wald zu gehen; sind Kindergärtnerinnen froh, wenn die Kleinen drinnen auf Gerüsten klettern; regulieren Ordnungsämter das kindliche Spiel.

Es ist ein systemisches Problem, und nicht die Kinder sind seine Ursache, sondern wir Erwachsenen. Wir können noch so viel BNE in den Kindergärten verankern, noch so viele Naturflächen auf den Schulhöfen anlegen, Nationalparks besuchen und Trekking-Urlaube mit unseren Kleinen veranstalten und wir können noch so sehr Verantwortung für die ökologische Bildung unserer Kinder übernehmen, all das nützt gar nichts, wenn wir nicht aufhören, ihnen vorzuschreiben, was das Richtige ist. Wir kreisen über unseren Kindern wie Hubschrauber – und gewöhnlich lassen wir sie erst dann wirklich in Ruhe, wenn sie sich still versunken vor einem kleinen Bildschirm in einer Couchecke niedergelassen haben.

Wir Eltern und Pädagogen stehen stellvertretend für die ganze Gesellschaft. Für eine Atmosphäre der grundlosen Angst und der erbarmungslosen Kontrolle. Es sind bezeichnenderweise nicht allein die Kinder urbaner Ghettos, denen Väter und Mütter verwehren, nach draußen zu gehen, wo heftiger Verkehr auf sie wartet und vielleicht der eine oder andere rüpelhafte Mitmensch. Gerade der Nachwuchs gutbürgerlicher Kleinstädter bleibt drinnen hocken und lebt ein weitgehend virtuelles Leben. In Deutschland. In Italien. In den USA. Aber auch im Iran. In Brasilien. In den reichen Vierteln der Metropolen Afrikas. Es ist, als hätten wir kollektiv beschlossen, die Erfahrung, die echte, verkörperte Erfahrung abzuschaffen.

Vielleicht zeichnet sich im Verschwinden der Kinder aus der Land-

schaft die eigentliche ökologische Katastrophe ab. Der wahrhaft stumme Frühling wird Wirklichkeit, wenn kein Lachen mehr in den Wiesen ertönt – ein Echo der Stille auf die verschwundenen Farben der wilden Schmetterlinge. (Nur noch ein Zehntel der nach dem Krieg alltäglichen Arten fliegt dem Spaziergänger heute über den Weg.) Und der Zusammenbruch ist innerhalb einer einzigen Generation erfolgt. Fast alle Menschen in meinem Alter – ich bin Jahrgang 1967 – erinnern sich der abenteuerlichen Zeiten draußen, ganz gleich, ob sie auf dem Land oder auf dem Großstadtpflaster groß wurden. Sie haben die sagenhafte blaue Stunde rund ums abendliche Versteckspiel nicht vergessen, wenn die Kids einer ganzen Siedlung zusammenkamen, bis sie einer nach der anderen von den Eltern hereingerufen wurden.
Zahlen belegen: Das Durchschnittsalter der Baumhäuser in der deutschen Hauptstadt etwa beträgt 25 Jahre – die meisten der Bauten sind nichts mehr als schwach erkennbare Ruinen. Die Zahl der Kinder, die einfach losgehen und spielen, ohne ihren Eltern genau zu erklären, wo sie sich aufhalten, ist seit den 1970ern auf ein Zehntel zusammengeschmolzen. Nur noch die Hälfte aller Eltern erlaubt ihren Kindern, auf Bäume zu klettern. Nicht einmal den Schulweg haben die Kleinen noch für sich: Nur noch wenige verbringen dort vor dem Unterricht einige Minuten für sich allein.[3]
All das ist keine unaufhaltsame Entwicklung, wie wir es bei so vielen Exzessen der technokratischen Zivilisation resigniert hinnehmen. Sachzwänge. Ökonomische Notwendigkeiten. Nein. Kinder sind immer unsere Kinder. Wir können ihnen jederzeit Freiheit geben. Es ist an uns, ihren Eltern, den Erwachsenen, die für sie sorgen, ihnen die Welt zu schenken oder sie ihnen zu verweigern. Und ich glaube fest daran, dass alles anders wird, wenn Kinder lernen, was es heißt, in Freiheit angenommen zu sein.
Darum schreibe ich dieses Buch. Denn das, was unseren Kindern fehlt,

---

[3] Zahlen nach Andreas Weber (2011): *Mehr Matsch. Kinder brauchen Natur*. Berlin: Ullstein-Verlag

ist nicht geographischer Raum zum Freisein. Es ist nicht die äußere Welt, die wir verbessern müssten – mit Abenteuerspielplätzen, urbanen Naturerlebnisräumen, Wald-Kitas, Naturschulen, Ausflügen in Nationalparks, Familien-Campingtrips. Gewiss, die Brachflächen der Städte sind in den letzten 25 Jahren geschrumpft, der Individual-Verkehr hat zu- und nicht abgenommen, und vor allem hat die Suchtkrankheit der Bildschirme, portabel-klein und hypnotisierend-riesig ihren Weg durch unsere Seelen gefressen.

Aber all das ließe sich aushalten, würden wir den Kindern nicht die Freiheit verbieten, nach der sie sich so sehnen. Würden wir unsere Kinder, die so sehr wie nichts anderes ihre eigenen Zwecke sind, nicht andauernd zu Mitteln machen, die unseren Ehrgeiz stillen und unsere Einsamkeit und Verletzlichkeit heilen sollen. Es sind nicht nur die äußeren Abenteuerräume, die fehlen, es sind die Brachflächen der Seele, die Schlüsselblumeninseln des Herzens, die Verstecke des Geistes, jene versteckt plätschernden Quellen der Lebens-Großzügigkeit, die wir, die Großen, aus der Welt verbannen, indem wir unseren Kindern suggerieren, sie seien überflüssig und leistungsmindernd.

Das ist die wahre Tragik. Und diese Tragik werden nicht wir Erwachsenen lösen können. Die Kinder werden sich ihrer annehmen, ganz allein, wenn wir ihnen zu entdecken gestatten, dass dort das Leben liegt, das sie, instinktiv wie es jeder werdende Mensch tut, suchen.

Die Idee dieses Buches besteht darin, dass nicht Erwachsene ihre Kinder an die Hand nehmen, sondern dass Kinder die Welt verändern müssen. Nicht, dass Erwachsene *für* ihre Kinder die letzten Reserven von Natur entdecken, sondern dass Kinder selbst ermächtigt werden, wieder als das zu wirken, was sie sind: als eine Kraft der Natur.

Darum ein praktisches Buch. Es richtet sich jedoch nicht an Erzieher, die auf der Suche nach Ideen für den Draußenunterricht sind. Sondern es ist ein Beispielkatalog, den Kinder selbst mit nach draußen nehmen dürfen.

Darum ein anarchisches Buch. Ein Buch, das Kinder ein bisschen zum Ungehorsam auffordert, das ihnen zeigt, dass es immer schon eine Welt gab, die ihnen die Erwachsenen vorenthalten wollten, und dass diese Welt die der Freiheit ist und der Lust auf sich selbst.

Darum ein Buch, das nicht Entwicklungsziele, sondern die Erfahrung von Lebendigkeit als zentrale Kategorie in den Mittelpunkt stellt. Das ist die minimale Erziehungslehre, wie sie die großen humanistischen Pädagogen und Psychologen wie Janusz Korczak, Erich Fromm, Alice Miller und Marshall B. Rosenberg entwickelten. In ihrem Zentrum steht die Einsicht, dass jeder Mensch, jedes Kind, wenn es zur Welt kommt, grundsätzlich »biophil« ist, dass wir alle von Natur aus das Lebendige lieben. Das Vertrauen darauf, dass unsere Wachstumsziele darin bestehen, selbst lebendiger zu werden, aber auch andere mit dieser Lebendigkeit zu beschenken.

Alice Miller sah die Ursache psychischer Störungen allein darin: dass Eltern die Lebendigkeit ihrer Kinder nicht ertragen, dass sie diese nicht in liebevollen Augen spiegeln, sondern aufgrund eigener Verletzungen stören und unterdrücken. Für Miller litt jedes pädagogische Konzept an dem Problem, dass Erzieher immer nur darüber nachsannen, *wie* sie die Kinder formen sollen, und sich nie gefragt hatten, *ob* das überhaupt nötig sei.

Jede Machtausübung in der Erziehung zerstört deren Ziel. Gerade darum ist die Freiheit, die unsere Kinder in der nicht menschengemachten Welt erfahren, ein so lebenswichtiges Gut. Nur das »große Draußen«, die von Menschen unbeherrschte Weite – sei es die Schönheit einer alten Landschaft oder die wimmelnde Anarchie der Stadt –, ist ein machtfreier Raum. Tiere und Pflanzen sagen niemals Nein. Sie sind lebendig, und in dieser Lebendigkeit blicken sie die Kinder an, die mit ihnen spielen. Naturerfahrung funktioniert überhaupt nur so. Nicht als Oase in der Großstadt und letztes Refugium, nicht als »belebter Bildschirm«, der dann wieder abgeschaltet wird, sondern als breitflächige Ermächtigung der Kinder, ihrem schöpferischen Grundbedürfnis zu folgen.

Wie kommen wir zu jenem anderen Umgang mit Risiko und Wagnis, mit Autonomie und Kooperation? Donella Meadows, Mitbegründerin des *Club of Rome* und Mitautorin jenes ersten Umweltberichts in den 1970ern, der die Welt aufrüttelte, hat dazu einen kleinen Aufsatz geschrieben. Sie analysierte, warum bei so vielen Versuchen, Missstände zu ändern, nichts herauskommt. Oft, so ihr Resultat, doktern wir an Symptomen herum, weil wir die wahren Ursachen nicht wahrhaben wollen – oder weil sie zu tief verborgen liegen. Systemische Interventionspunkte nannte sie solche Ursachen. Ich bezeichne sie auch gern als »Knotenprobleme«[4] – unsichtbare Schwierigkeiten, die im Zentrum einer ganzen Reihe schmerzhafter und weithin sichtbarer Symptome stehen. Wenn wir sie lösen, kommt der Rest von ganz allein.

Ein solches Knotenproblem ist die systematische Entmündigung der Kinder. Unsere Ängstlichkeit entrechtet sie, unsere Scham, nicht gut genug zu sein, unsere Leistungskontrolle, unsere Einsamkeit. Wir machen sie zu Mitteln für unsere Ziele – die Politik für den Standort Deutschland, der Lehrer für seine Begierde, ein erfolgreicher Pädagoge zu werden, der Wildnis-Scout für seine Überzeugung, nur Natur sei die wahre Lehre, die Mutter für ihre Angst, nichts wert zu sein. Und so können die Kleinen noch so viel in der Fülle der Natur baden – es wird ihnen wenig nutzen.

Erst wenn Kinder wieder Subjekte werden, ihre eigenen Zwecke also, werden sie von selbst der Sehnsucht nach einem guten Leben folgen, die tief in ihren Herzen schläft. Erst wenn wir sie loslassen. Und unser einziger Job wird noch darin bestehen, ihnen liebevoll eine Grenze zu setzen, sobald sie uns selbst zu sehr auf die Füße treten.

Wir Erwachsenen stehen unseren Kindern im Weg. Wir stehen ihnen umso mehr im Weg, als wir es gut meinen. Wir stehen ihnen sogar gerade mit Naturerziehung im Weg. Allzu oft verbinden Pädagogen mit dem Gang nach draußen ein Lernziel, sehen bei Kindern im hingebungsvollen Spiel mit Wasser und Flusskieseln kleine Wissenschaftler am Werk, welche die Grundgesetze der Hydraulik verinnerlichen.

Aber Natur ist keine Ressource. Natur ist – wir selbst. Es geht darum, im Kontakt mit anderen Wesen die Gesetze dieses Selbst wiederzuent-

---

4 Andreas Weber (2006): »Knotenprobleme«. In: Reiner Klingholz et. al.: *Unterm Strich. Erbchancen und Erblasten für das Deutschland von morgen. Eine Generationenbilanz.* München: Oekom-Verlag

decken, die Grundregeln, nach denen Individuen sich wachsend und im Austausch mit einer lebenden Welt entfalten. Dieses Buch will daher keine Anleitung sein, etwas richtig zu machen. Es ist ein Lehrgang im Loslassen. Es ist eine Ermutigung, den Ernst und die Kontrolle fahren zu lassen und zu spielen zu beginnen.

Denn gegen die Scham, nicht gut genug zu sein, nicht genug zu leisten, hilft allein das – Spielen. Gegen die Angst, zu verlieren, hilft nur bedingungsloses Spielen. Spielen, wie es die Biosphäre seit Beginn der Erdgeschichte übt und dabei jeden Tag Freiheit und Schönheit im Überfluss hervorbringt. Das ist der Kern jeder Art von Wildnis, und genau das ist das heimliche Suchprogramm, dem ein Kind folgt, sobald es sich aus dem Mutterleib gequetscht hat.

Lassen wir es zu. Riskieren wir seine Lebendigkeit. Riskieren wir selbst, lebendig zu sein.

Nachtrag

Sie halten meine Position vielleicht – eben – für riskant? Geradezu für unverantwortlich? Sie sehen darin einen Aufruf zur Fahrlässigkeit, eine Anstiftung zum Ungehorsam, garniert mit der Empfehlung, Kinder in Situationen gehen zu lassen, in denen ein objektives Verletzungsrisiko besteht?

Dazu möchte ich zwei Dinge sagen. Natürlich sind wir die Eltern (oder die Erzieher), und es liegt in unserem Ermessen, ob wir eine Situation als gefährlich einschätzen und abbrechen. Hier ist jeder Erwachsene in der Verantwortung. Aber zweitens gilt gleichwohl: Vieles, was sich gefährlich anfühlt, ist es nicht. Im Wald zu spielen ist so ziemlich die sicherste Beschäftigung von allen. Risiko ist immer etwas Subjektives – und oft erhöht man die Gefahr an einer Stelle, wenn man sie an einer anderen auszuschalten versucht.

Denken Sie nur an jene mittelenglische Familie, die vor ein paar Jahren von der Sheffielder Daily Mail vorgestellt wurde, um den Verfall der kindlichen Freiheit zu zeigen. Der Urgroßvater durfte um 1900 mit acht Jahren zehn Kilometer allein zum Angeln wandern. Und konnte er schwimmen? Der Urenkel darf sich, im selben Alter, gerade noch in der heimischen Spielstraße bewegen, gepolstert und geschützt wie ein Starwars-Trooper, bewacht und besessen von der Mutter, die hinter der Gardine hervorlinst.

Was ist riskanter?

Für **wen** ist dieses **Buch** geschrieben?

Das Quatsch-Matsch-Buch ist ein Experimentier-Werk für alle. Denn wir alle haben das Bedürfnis zu spielen. Wir möchten es auf eine verantwortliche Weise tun und dabei weniger auf Konventionen und versicherungsrechtliche Gründe hören als auf das im ganzen Körper vibrierende Erlebnis dessen, was gut ist für uns.

Wer ist mit »alle« gemeint? Kinder, die an einem langweiligen Sonntag nach einer Idee suchen, um sich lebendig zu fühlen. Eltern, die in ihrer Altbauviertel-Wohnung mit sich hadern, weil die Kids nicht neben einem Bauernhof groß werden. Lehrerinnen, die seit Jahren quält, dass ihnen die Hände gebunden sind, obwohl eine sinnenhafte Wildnis gerade um die Ecke liegt. Schüler, die nicht begreifen, warum die glitzernde Welt, in Schulstoff verwandelt, jede Magie verliert.

Dieses Buch ist also für sehr unterschiedliche Benutzer zugleich gedacht. Darum webt sich der Text aus drei Fäden, die sich mithilfe der unterschiedlichen Gestaltung auseinanderhalten lassen. Jedes Kapitel beginnt zunächst mit einer kleinen Geschichte, aus der sich das Thema und ein Knäuel Gedanken zu seinem Hintergrund entwickeln – Erwachsenenzone also.

Die Frage, womit und wie ihr Kinder und Jugendlichen loslegen könnt, was ihr machen könnt, bis hin zur Materialliste, kommt im darauffolgenden Teil auf Kästchenpapier dran. Natürlich ist es für die Erwachsenen nicht ungeschickt, dort einen Blick hineinzuwerfen. Vielleicht erfahren sie mehr, was Kinder bewegt?

Damit ich das selbst nicht vergesse, haben mir meine eigenen Kinder Max und Emma geholfen. Sie geben am Ende jedes Kapitels Tipps, warnen vor Vorurteilen und erzählen, wie es ihnen in einer Welt geht, in der sie vor allem gute Noten haben sollen. Diese Texte setzen sich so von den anderen ab, dass sie sich leicht erkennen lassen.

Es gibt in diesem Buch keine nützliche Lektion. Es gibt auch keine Prüfungen. Es gibt nichts, was man »machen muss«. Oder doch »müsste«. Eigentlich ist alles darin ein Spiel. Es ist also ein Buch zum Ausprobieren. Eigentlich eine Erinnerung an all das, was immer schon gut war. Das Buch selbst ist dabei nicht wichtig. Die Ideen, die euch kommen, wenn ihr es durchseht, schon. Was wichtig ist, ist nur das eine: Die Regeln bestimmt ihr. Kommt dahin, wo ihr selbst die Regel seid. Nicht die Erwachsenen. Sucht euch Räume, wo das geht, draußen, drinnen, gemeinsam, allein, in einem Versteck. Tut nicht das, was ihr sollt, sondern was ihr wollt. Ignoriert Betreten-verboten-Schilder. Schwänzt Schule und haltet die Füße in das Wasser des nächstgelegenen Bachs oder Flusses. Schmeißt das Buch dann meinetwegen weg, rein ins Wasser, und schaut ihm nach, wie es langsam davontreibt.

Wir, also Emma, Max und ich, haben ein Buch geschrieben, das nicht von Erwachsenen für Erwachsene gedacht ist (wie fast immer), auch nicht von Erwachsenen für Kinder (gähn), aber auch nicht von Kindern für Kinder (wen interessiert denn so was?). Es ist von allen für alle. Es ist ein Teilnahmebuch. Ein Buch, in dem wir versuchen, nein, nicht miteinander zu reden. Miteinander zu spielen.

Und spielen heißt, versucht einmal an eine tolle Situation beim Spielen zu denken (ihr seid ja noch viel näher dran als Papa und Mama, die immer so ernst sind), dass es zwar Regeln gibt, aber dass die Spielenden sie selbst bestimmen. Nicht der Staat. Nicht Papa oder gar die strenge Großmutter. Es gibt Regeln, aber weil wir sie selbst bestimmen, machen sie uns nicht gefangen, sondern frei. Und um diese Freiheit geht es. Fühlt ihr es ein bisschen im Bauch? Um die Freiheit geht es. Um eure. Um die Lebendigkeit. Spürt ihr sie?

Um dieses Gefühl, wie es ist, an einem sonnigen Morgen am Anfang des Sommers nach draußen zu gehen, die Luft ist weich wie ein Streicheln, und es wird ganz bestimmt etwas Hervorragendes und extrem Aufregendes passieren. Die Luft ist voll davon, die Spatzen pfeifen es von den Dächern.

Und? Braucht man dafür wirklich ein Buch?

Für den Anfang ja. Heutzutage sowieso. Es hilft alles nichts. Die Tür ins Unsichtbare ist nämlich selbst sichtbar. Anders würde man sie nie finden. Aber dahinter wird es spannend.

Dahinter kommt es ganz alleine auf euch an. Dahinter beginnt das Abenteuer des Lebens, also das Abenteuer, auf das zu treffen, was wirklich ist, nicht ausgedacht, kein Lernstoff, nichts, womit ihr bloß gefallen sollt, nichts, mit dem ihr den Erwachsenen die Arbeit abnehmen könnt (und, ihr wisst ja, auch müsst). Nichts, womit ihr Eltern und Lehrer beruhigen sollt, damit sie keine Angst kriegen. So wie ihr es immer macht: »Ruhig, ihr Kleinen. Ihr aufgeregten Lehrer, ihr unsicheren Eltern.«

Lasst das mal sein. Hier können sie draußen bleiben. Denk dir das so: »Hier geht es nur um mich selbst. Nicht um das, was ich sein soll. Sondern darum, wer ich wirklich bin. Ich meine, wirklich. Für mich allein.«

Das meint Max

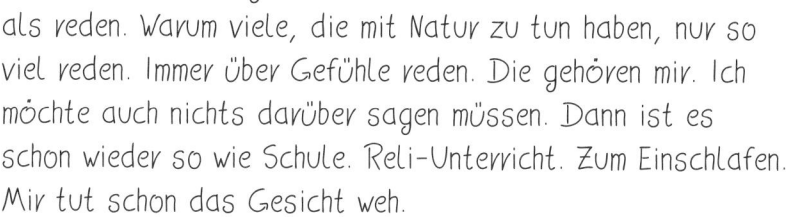

»Mein Vater redet schon wieder so viel. Machen liegt mir näher als reden. Warum viele, die mit Natur zu tun haben, nur so viel reden. Immer über Gefühle reden. Die gehören mir. Ich möchte auch nichts darüber sagen müssen. Dann ist es schon wieder so wie Schule. Reli-Unterricht. Zum Einschlafen. Mir tut schon das Gesicht weh.
Das war auch im Wildniscamp so. Vor zwei Jahren war ich in Jetzendorf, mit der WILDNISSCHULE WILDNISWISSEN. In einem kleinen Wald in Bayern. Ich habe in meinem eigenen Zelt geschlafen, die anderen auch jeder. Zuerst allein. Am Ende haben wir uns zusammengelegt, ich mit Conny. Das war viel lustiger. Aber die Sitzrunden morgens waren gar nicht lustig. Wir mussten alle unsere Träume erzählen und was wir so fühlen. Dazu wurde eine Muschelschale herumgereicht, in der Steppenbeifuß brannte, und ein Krähenflügel, mit dem man den Rauch um sich herumgefächert hat. Vor allem die Leiter haben ewig viel erzählt. Dabei ist das alles egal.
Was nicht egal ist, das ist das Anschleichen. Die Schleich-übungen im Wald. Nachts ans Feuer robben und sich nicht erwischen lassen. Den Kletterpark überfallen, haben wir auch gemacht, und echt Ärger gekriegt. Vielleicht ist denen das ein bisschen aus dem Ruder gelaufen. Oder sich im Wald als Gruppe verstecken. Wir hatten alle rote Regenjacken an, zu dumm. Wir haben uns schlappgelacht. Ich und die Mädchen. Und uns auf dem Moos gewälzt und da gerangelt. Natürlich sind wir Letzte geworden.
Zwischendurch haben wir am Feuer herumgehangen. Das Feuer

war immer an. Das war unser Platz. Selbst gekocht und abgewaschen. Am Ende war das Feuer wie unser Wohnzimmer. Wir waren alle barfuß mit total dreckigen Füßen, die aber irgendwie nie kalt waren. Das Feuer war das Wohnzimmer. Mehr braucht man nicht, habe ich am Ende gedacht. Da bin ich selbst drauf gekommen, auch ohne Krähenflügel. Als ich dann wieder zu Hause war, im echten Zimmer, ist mir richtig schwindlig geworden. All diese Dinge. Brauchen wir doch alles nicht. Ich wollte gar nicht in meinem Bett schlafen, sondern im Zelt. Für immer. Aber das ist jetzt schon wieder lange her.«

Und das meint Emma

»Am Ende machen Kinder ja doch, was sie wollen. Nur machen sie es dann eben mit dem Gefühl, dass das, was sie wollen, verboten ist. Oder das, was sie sind. Wir sollen anders sein, als wir sind. Das lernen wir. Ist doch klar, dass man dann keine Lust mehr hat. Aber man macht nach außen hin natürlich weiter mit, damit man nicht auffällt und keine schlechten Noten kriegt. Und beliebt bleibt. Aber heimlich stellt man sich dagegen. Flippt total aus.
Gerade hat unsere Lehrerin alle Freundespaare an den Tischen auseinandergesetzt. Sie meinte, wir würden zu viel zusammenglucken. Und unsozial sein. Und zu zweit quatschen. Und darum nicht so viel arbeiten. Das war gemein. Ihr geht es nur um unsere Noten. Und nicht um uns.

Aber das hat keiner gesagt. Schließlich haben wir uns doch gerade erst gefunden, weil die erste Klasse auf dem Gymnasium jetzt angefangen hat. Aber zum Glück sitze ich meiner Freundin Nina nach dem Umsetzen wenigstens weiter gegenüber.

Ich finde Natur sehr wichtig. Ich bin so traurig, wenn ich wieder sehe, wie etwas zerstört wird. Dann können wir nicht mehr leben, denke ich immer. Früher haben wir immer gespielt, dass ich das kleine Reh bin und Papa mich findet. Ich habe dann wohl meine Mutter verloren gehabt und er hat mich aufgezogen und mich gepflegt. Das haben wir immer draußen gespielt. Im Wald. Beim Spazierengehen. So haben wir Abenteuer erlebt. Das war schön. Ich finde es schade, dass wir da nicht mehr sein können. Jetzt wohnen wir ja in der Stadt. Aber hinter unserem Haus ist eine große Fläche, auf der nur Flechten und ein paar Bäume wachsen. Da gehe ich gerne mit meinem Vater und meinem Hund hin. Ich vermisse es richtig, wenn wir da nicht mehr hingehen.

Max, mein großer Bruder, hat mir gerade sein Baumhaus geschenkt. Er fühlt sich jetzt zu groß dafür. Das ist toll. Jetzt haben ich und meine Freundinnen einen eigenen geheimen Ort. Wir haben schon ein paar Kleider hingehängt. Ein Fernglas. Und das Richtmikrofon. Schließlich sind wir eine Detektivgruppe. Das Baumhaus kann niemand sehen. Niemand weiß, was wir hier machen. Nur der Nachbar mit seinem neuen Einzelhaus hinter dem Zaun, der immer seinen gemähten Rasen rüberschmeißt und böse guckt. Er mag wohl nicht, wenn Menschen sich freuen.«

Die Welt ist ein Geschenk

Loslassen. Sich dreckig machen.
Gewollt sein

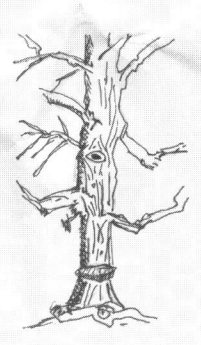

»Der junge Mensch braucht seinesgleichen – nämlich Tiere, überhaupt Elementares: Wasser, Dreck, Gebüsche, Spielraum. Man kann ihn auch ohne dies alles aufwachsen lassen, mit Stofftieren, Teppichen, auf asphaltierten Straßen und Höfen. Er überlebt es, doch man soll sich dann nicht wundern, wenn er später bestimmte soziale Grundleistungen nicht mehr erlernt.«

ALEXANDER MITSCHERLICH

Da, wo Quatsch und Matsch sich im Leben meiner Kinder einmal wirklich getroffen haben, war weder ein netter, pädagogisch eingerichteter Spielplatz noch ein wildes Brachland. Es war eine Baugrube. Durch Wolkenbrüche geflutet, eine Pfützenlandschaft am Fuße hoher, durchweichter Lehmwände. Natürlich stand da das »Betreten-verboten-Schild«. Aber weil es Nachbarn sind, die bauten, hatten wir gefragt. Und weil es lockere, lebenskluge Nachbarn sind, hatten sie »Klar. Warum fragt ihr überhaupt?« geantwortet. Also sind Emma und Max mit Gummistiefeln und Schaufeln und einem Eimer losgezogen. Ich habe nicht zugeschaut. Sie waren einfach nur Stunden weg. Zwischendurch kamen sie und bettelten nach einem weiteren Eimer. Ich konnte nur mit einer Salatschüssel dienen. Die Gummistiefel, so stellte sich bei diesem Versorgungsstopp heraus, hatten sich schon bei Beginn als viel zu kurz erwiesen.

Das war so ein unspektakulärer Nachmittag, an dem das Leben in seinem richtigen Bett strömte, oder vielmehr, an dem es aus diesem Bett überströmte und sich eine ganz neue Landschaft suchte. Was genau das stille Sinnen und Trachten des lebendigen Kerns in unseren Herzen ist. Die große Rolle der beteiligten Erwachsenen – meine, aber auch die der Nachbarn – bestand darin, nicht zu stören. Dieses innere Erleben und Wachsen, diese Welterfahrung im Werden weder zu kommentieren, noch zu lenken, noch zu begrenzen (»Jetzt reicht es aber! Zieht euch sofort um!«), noch für etwas Sinnvolles auszuschlachten.

Hier liegt das Zentrum der Argumentation dieses Buches. Ich will in den wenigen folgenden Absätzen, bis die Theorie der Praxis und den Stimmen der Kinder selbst wieder den Raum überlässt, kurz begründen, warum diese Freiheit so wichtig ist, und warum diese nur in einem Raum stattfindet, in dem nicht bewertet wird und in dem der einzige Maßstab das schöpferische und in allen Sinnen präsente Erleben der Kinder, untereinander und mit den Elementen der Natur ist.

Es ist dabei vollkommen unwichtig, wo so etwas stattfindet. In der Szene der Umweltbildung gibt es diese Tendenz, nur »echte«, also nach dem Maßstab der Erwachsenen ökologisch wertvolle Natur gelten zu lassen. Dann bauen diese Erwachsenen unter großen politischen und haushalterischen Mühen gut verwaltete »Naturerfahrungsräume« – die natürlich höchst wertvoll sind, aber oft gerade eine Erfahrung von Natur nicht ermöglichen: nämlich die, dass ein Kind ohne einschränkendes Urteil von der Umgebung, mit der es sich beschäftigt, wahrgenommen wird.

»Sein ist Wahrgenommenwerden«, sagte schon der Philosoph George Berkeley im 18. Jahrhundert. Mit diesem Satz beschrieb er eine entscheidende psychologische Wahrheit: Kein Subjekt kann existieren, wenn es nicht in einem Austausch mit anderen steht. Das gilt auf biologischer Ebene – jedes Wesen muss fressen und sich fortpflanzen, aber auch auf seelischer. Säuglingspsychologen haben gerade in den letzten Jahren immer deutlicher zeigen können, dass ein Baby in seinen ersten Monaten existentiell auf etwas angewiesen ist, dass sie »Spiegelung« nennen: auf Eltern, die sich seiner annehmen, wenn es seine Gefühle mit seinem ganzen Körper ausdrückt, und die darauf mit ihren eigenen Gefühlen antworten und das kleine Kind zugleich in Geborgenheit annehmen.

Gute Eltern spiegeln in ihrer Mimik die Irritation ihres Kindes, etwa wenn es an Bauchschmerzen leidet, und trösten es zugleich. Das heißt: Sie trösten es schlicht dadurch, dass sie akzeptieren, wie es ist. Dadurch, dass sie es nicht tadeln, es nicht zwingen wollen, jetzt anders zu sein, sich nicht entnervt abwenden. Nur wenn sie die Perspektive des liebevollen Blicks beibehalten, wird im Spiegel ihrer Augen ein Individuum entstehen, das sich selbst zu fühlen in der Lage ist und das folglich auch andere »sehen« und so sie selbst sein lassen kann. Das ist vielleicht der Kern des menschlichen Austauschs. Vielleicht auch der Liebe.

Die eigene Individualität ist Ergebnis eines Austauschs. Sie ist allein und losgelöst gar nicht denkbar. Ohne ein Du, welches das Kind sieht, wahrnimmt und reflektiert, kann das Baby seine eigenen Gefühle nicht zuordnen. Es bleibt sich selbst fremd, bleibt gespalten und ein Leben lang darauf angewiesen, erst im Angesicht seines – zärtlichen oder irritierten – Gegenübers zu begreifen, was es selbst fühlt. Es lernt nicht zu erfahren, wer es selbst in seinem innersten Kern ist.

Und hier kommt die Erde ins Spiel, die Natur. Ein Säugling wird zum Menschen im Wechselspiel, im wechselseitigen Austausch, in Gegenseitigkeit mit seinen Eltern, die seine Eigenart liebevoll wahrnehmen, und zwar als einen Zweck an sich, nicht als ein Mittel für sie selbst. Die ihn »sehen« und nicht bewerten. Aber es gibt noch eine Ebene unterhalb der menschlichen Persönlichkeit: Und das ist unsere Individualität als Lebewesen. Auch diese braucht, wie jeder Austausch, Gegenseitigkeit und Spiegelung. Knapp formuliert: Ohne die Gegenwart anderen

Lebens, ohne die Spiegelung unserer Lebendigkeit in anderen Wesen und natürlichen Elementen, ohne ungeformtes Material, das wir zu einem Echo unserer Schöpferkraft gestalten, können wir ebenfalls nicht lebendig sein.

Ja, dieses Echo auf die eigene Lebendigkeit kann in vielen Fällen eine gestörte Elternbeziehung ausgleichen. Bäume, die ausschlagen, der vor Fischen strotzende Teich, die milde Luft des Frühlings rufen ja dem Kind so laut zu: Ja, wir sehen dich in deiner Lebenslust, wir sind wie du, du bist lebendig und schön und gewollt! Natur ist für Kinder keine Ressource wie Sport oder Mathe, sondern der Ort, an dem sie am leichtesten lebendig werden können. Lebendig werden heißt, sich in schöpferischer Freude erfahren, heißt, von den Mitspielern gesehen zu werden und von der Umgebung, heißt, zugleich sich selbst und den anderen zu akzeptieren.

Die sanftmütige Erde, die ein junger Mensch mit seinen Sinnen und mit seinen Händen gestalten kann, ist Partnerin seiner schöpferischen Impulse, seiner Emotionen, seiner Ideen. Der mit den Händen zum Deich geformte Schlamm, das sanft die Sandkrusten fortspülende Wasser nehmen ihn in seiner schöpferischen Identität wahr. Sie nehmen ihn nicht wahr wie ein Mensch, aber als ein Echo des lebendigen Zusammenhangs der Biosphäre. Und, was dabei entscheidend ist: Sie urteilen nicht. Natur spricht niemals ein Urteil. Der schief gematschte Deich ist stumm. Aber nicht Papi, der zufällig vorbeikommt und eine Ungeschicklichkeit kritisiert.

Schule verzerrt mit ihrem Bewertungssystem die gesunde Selbstwahrnehmung der Kinder. Darum kann sie nie, und seien ihre Inhalte, ihre Methoden noch so raffiniert gewählt, gesund sein. Schule erschüttert das, was der Psychologe Erikson als »Urvertrauen« des Kindes bezeichnet und was es aus seiner Erfahrung mit einem sorgenden Mutterleib erfahren hat: dass die Welt ein gebender, nährender, guter Ort sei.

Für ein Kind kann die Natur den Ankerpunkt genau dieses Urvertrauens bilden. Der Naturpädagoge Ulrich Gebhard glaubt etwa, dass »haltende Umweltelemente« genauso wichtig seien wie haltende Bezugspersonen. Natur und ihre lebenden Wesen spiegeln das Empfinden des Kindes, das selbst ein Lebewesen ist, und geben ihm zugleich einen tröstenden Rahmen, der sein Leben als ein Teil des großen immer neu geborenen Lebenszusammenhangs birgt.

Für den Evolutionsforscher E. O. Wilson ist es aufgrund unserer biologischen Herkunft unausweichlich, dass wir andere Lebewesen benötigen, um uns selbst zu verstehen. Keine Art sucht mehr als der Mensch die Nähe fremder Tiere und Pflanzen. Ein Kleinkind ist geradezu ein Detektor anderen Lebens – sobald ein Tier auf der Bildfläche auftaucht, taumelt es darauf zu. »Biophilie« nennt Wilson das – die Liebe zum Lebendigen. Und benutzt dabei einen Begriff, den der humanistische Psychologe Erich Fromm in den 1950er Jahren geprägt hat, um unseren artgerecht-gesunden emotionalen Zustand zu beschreiben. Wir Menschen stehen in einer gesunden Bindung, wenn es uns möglich ist, das Lebendige – also uns selbst und die anderen – auf schöpferische Weise zu lieben.

Jemanden zu lieben, hat einmal ein Bindungspsychologe geschrieben, heiße, jemanden so zu sehen, wie Gott ihn gemeint habe. Die freie, ungeplante Welt sieht jedes Kind so, sieht auch uns so, mit den tausend Augen ihrer Blüten, ihrer zärtlichen Frühsommerluft, ihrer glitzernden Eiskristalle, ihrer zum Aufstieg verlockenden Bäume und Berge. Sie sieht uns und begrüßt uns, stumm und ohne Kommentar, als mächtige und schöne Kräfte des Lebens. In der Lebendigkeit der Welt spiegelt sich die eigene – und die kindliche Lebenslust bereichert die Welt um eine schöpferische Komponente. Liebe und die Sehnsucht nach dem eigenen, inneren Wachstum suchen das, was ich bin, was aber viel mehr ist, als ich bin: worin ich zugleich mich und die Welt entdecken kann. Worin ich zugleich ich und die Welt bin.

Dieses Willkommensein ist die zentrale Erfahrung der Kindheit. Wer sie nicht machen darf, wird immer als ein seelisch Versehrter durchs Leben gehen, wird leiden und darum unweigerlich anderen Leid zufügen. Kämpfen wir also darum, willkommen zu sein. Es ist der Kampf fürs Leben. Es ist auch das einzige Engagement für Nachhaltigkeit, das Sinn ergibt. Aber lebendig zu sein und die Lebendigkeit der anderen zuzulassen, erfordert Mut. Die größte denkbare Zivilcourage.

Wie fühlt es sich an, wenn dich deine Eltern einfach mal rausschmeißen? Hat es das überhaupt schon gegeben? »So, raus, geh spielen!« »Aber es regnet doch!« »Egal. Zieh dir deine Goretex-Jacke an. Es gibt kein schlechtes Wetter, nur die falsche Kleidung.« Haha, so ein Elternspruch. Ein Kotz-Elternspruch. Und du hattest dir gerade Battlefield III heruntergeladen. Das ab achtzehn, so wie bei deinen Kumpels. Aber nein, das darfst du natürlich nicht spielen. Tust du auch nicht, oder?

Jetzt stehst du also draußen. Sitzt auf dem verwahrlosten Spielplatz, auf dem abgeblätterten Klettergerüst und lässt die Beine baumeln. Allein. Die anderen sind alle drinnen. Gamen. Bauen Lego. Machen Hausaufgaben. Üben. Kriegen Nachhilfe. Werden von Mami zum Fechten oder zum Geigenunterricht gefahren. Oder erst zum Fechten und dann zum Geigen. Leiser Nieselregen. Du hörst deinen Atem. Nichts passiert. Schmeißt schmutzige Kieselsteine gegen die Schaukelente, die schon schief auf ihrer verrosteten Spirale hängt. Ein Haufen Hundekacke ist in der Sandkiste, mit weichem Schimmelflaum, der im Regen glänzt. Draußen, vor dem Eingang zu den ungepflegten Geräten, hängt das Schild schief im Spielplatzzaun, das Hunde hier verbietet. Und größere Kinder wie du. Kindsein ist so langweilig. Überhaupt: Leben ist irgendwie langweilig.

Der ganze Nachmittag versaut. Voll das Ferien-Feeling: Nichts zu machen. Endlich ist Schule um – aber was ist zu tun? Die Tage verplätschern, fast wünscht man sich, dass der Unterricht wieder losgehe. (Ein paar freuen sich tatsächlich schon, das sind die zickigen Mädchen, die immer recht haben wollen und mit denen man keine Klingelstreiche machen kann, und die lahmen Jungs, die sich nie trauen, auf Bäume zu klettern.)

Als ich selbst Kind war, musste ich immer raus, weil meine Mutter Mittagsschlaf halten wollte. Mindestens anderthalb Stunden. Wenn ich im Haus geblieben wäre, hätte ich sie wecken können. Also raus! Gnadenlos. Einmal habe ich auf der Terrasse in einen Rosenbusch gepin-

kelt, weil ich meinen Schlüssel vergessen hatte und zu schüchtern war, bei den Nachbarn zu fragen.
Und als ganz kleines Kind, da habe ich einmal während des Mittagsschlafs meiner Mutter Angst vor meiner neuen Eulentapete bekommen. Da musste ich noch nicht raus, sondern selber schlafen. Ich wusste aber, ich darf sie nicht wecken, damit sie mich tröstet. Lieber tot, als Mutter stören. Am Ende habe ich mich auf der Fensterbank hinter den Vorhängen versteckt und bin vor Stolz über meine bombensichere Lösung dort eingeschlafen. Wie gesagt: Lieber tot, als etwas von Mutter wollen. Überhaupt, etwas von Mutter zu wollen, was sie nicht zufällig auch gerade will, wird ohne Gnade vernichtet. Schon der Wunsch wird vernichtet. Ist lächerlich. Ist gar nicht da.
Das habe ich spätestens an jenem Nachmittag begriffen. Sie hat immer die Tür von ihrem Zimmer abgeschlossen. Also hatte sie mich nun in meinem Eulentapetenzimmer mit den bösartigen Greifvögeln, die einer nach dem anderen erwachten, eingeschlossen – oder hatte sie sich aus der Wohnung ausgesperrt? Jedenfalls gab es sie nicht mehr. Puff, weg.
Aber beim Einschlafen auf der Fensterbank habe ich auch kapiert, dass man abhauen kann, und wenn es nur hinter den Vorhang ist. Da liegt einem die Welt zu Füßen, und Mütter pennen blöd in ihrem Bett. Der Vorteil des Draußenseins ist: Hier gibt es keine Eltern. Hier brauchst du sie nicht. Hier bist du immer genauso groß wie die anderen Lebewesen, wie die Vögel und Würmer, genauso alt wie die Steine und das Wasser. Du bist sozusagen automatisch erwachsen. Oder genau anders herum: Gehst du raus, tauchst du ein in die Kindheit der Welt.
Das Dumme bleibt nur: Hier gibt es auch keine Kinder. Nur Hundehaufen, vergammelte Spielgeräte, Nieselspritzer. Die Freunde sitzen alle drinnen und tatschen auf ihren Screens rum. Es tut richtig weh. Was gibt es denn hier bloß zu tun? Ich sage ja nicht: Es ist jetzt toll hier. Ich sage nur: Draußen rumhängen und sich langweilen ist nicht verkehrt. Der Schmerz tut gut.
Wieder so ein Erwachsenenspruch. Aber bevor du kotzt, hör zu: Er ist gut, weil es ein *weil* dafür gibt. Denn dann kommst du auf dumme

Ideen. Und dumme Ideen sind das Beste, was dir passieren kann. Dumme Ideen haben nämlich das zum Gegenstand, was du willst, und nicht das, was die wohlmeinenden Erwachsenen in deinem Leben wollen. Mit dummen Ideen fängt jede Revolution an.
Was kannst du jetzt also tun?
Es ist ganz einfach. Ich zähle es mal auf:

> Bei den anderen klingeln
> Allein eine Welt erfinden
> Dich auf das einlassen, was da ist
> Die Wirklichkeit erfinden
> Mal einen Nachmittag abhauen
> Das alles auch noch zeichnen oder aufschreiben

Fangen wir bei Punkt 1 an. Wahrscheinlich werden die anderen ein bisschen dumm gucken, wenn du bei ihnen klingelst und die alte Nachmittagsfrage stellst: »Kommst du raus?« Vielleicht kassierst du ein glattes Nein. Aber wir sind hier ja nicht beim Matheunterricht. Du kannst

es weiter versuchen. Sie nerven. Nicht locker lassen. Sie locken. Und dafür, dass du sie irgendwie ködern kannst, brauchen wir Punkt 2.

Tu was. Was, ist eigentlich egal. Solange du es nicht tust, um in den Augen irgendeines Erwachsenen deinen Wert zu steigern. Aber tu etwas, was noch keiner von euch getan hat. Das ködert voll. So wie Tom Sawyer, der den schlimmen Holzbretter-Zaun seiner Tante Polly streichen musste, worauf er gerade gar keinen Bock hatte. Aber er war so schlau, immer wenn einer seiner Kumpels vorbeikam, derart besessen und versunken mit dem Pinsel die sämige Farbe aufs Holz zu streichen, die Zungenspitze im Mundwinkel, dass alle Lust bekamen, nur einmal dieses eine zu tun, nur einen Quadratdezimeter Farbe aufzutragen. Und schwupps war der Zaun gestrichen. Und Tom hatte die Taschen voller Reichtümer (die tote Ratte mit dem Band dran zum Über-dem-Kopf-Schwingen etwa), denn er war ja nicht blöd: Pinseln hatte bei ihm seinen Preis.

Also: Was ihr macht, das kann ich dir nicht sagen. Aber es geht immer. Du hast nämlich einen inneren Kompass, der dich stets dahin führt, wo es dir guttut. Am einfachsten ist es mit Erde, Bäumen oder Wasser. Am

besten geht es mit allen drei von ihnen gleichzeitig. Wenn es einen Bach an einem Waldsaum gibt, los. Das ist dein Ort. Hier ist der Nabel der Welt. Und einen Bach gibt es doch fast überall ... Oder?

Leider haben die Erwachsenen das nicht verstanden. Sie haben schon wieder alles falsch verstanden. (Naja, du weißt ja selbst, dass die große Aufgabe der Kinder, die sie von den Erwachsenen bekommen haben und für die es die ganze Zeit Noten gibt, darin besteht, die Wahrheiten, mit denen wir auf die Welt kommen, abzulegen, und stattdessen die Irrtümer der Erwachsenen anzunehmen. Weg mit der Freude. Her mit dem Stress. Das ist das Programm.)

Die Erwachsenen, die Spielplätze designen, sehen nicht, dass ohne Wasser nichts eine Form annimmt und dass ohne Bäume nichts befestigt werden kann. Sie schütten überall, wo Kinder sich angesprochen fühlen sollen, eine Sandwüste auf. In die dann bloß ein Hund kackt. Also los, finde den Bach. Der Rest kommt dann schon.

Party auf dem Schuppendach

Unsere Schatzkarte

Stärkung mit Schoko

Max hat ein Feuer gemacht

Unsere Detektivgruppe hat ein Richtmikrofon

Zum Einschlafen singt mir die Amsel vor

1. Das Wasser freilassen:
Such dir einen Bach und stau ihn auf

All die guten Spielplätze dieser Erde sind in Wahrheit nicht verschwunden, sondern einfach ein bisschen besser versteckt als früher. Bäche gibt es immer noch, du musst einfach nach ihnen suchen. Vielleicht verlaufen sie schnurgerade in einer Zementwanne hinter dem Supermarkt? Oder etwas weiter draußen zwischen den Feldern?
Und jetzt kannst du anfangen, mit dem Wasser zu spielen. Es wird gern mitmachen! Es ist sehr schnell bereit zu einer Antwort. Zum Aufstauen brauchst du etwas Sperriges – und etwas Anschmiegsames. Zum Beispiel Steine oder Holzstämme oder Bretter oder einen alten Einkaufswagen als Grundgerüst – und darüber, zum Füllen, Schlamm, Lehm, Grassoden, die du aus einer Wiese oder einem Rasenstück mit dem Messer oder dem Spaten herausschneiden kannst, Plastikfolie, ein Bettlaken. Deine Winterjacke. Socken. Schulhefte. Kuhscheiße. (Habe ich aus Versehen mal benutzt. Ich dachte, es wäre besonders weicher Schlamm und musste dann fast kotzen.)
Das übertretende Wasser steht dir zur Verfügung. Es antwortet dir. Es gibt dir die Rückmeldung, dass du da bist. Vielleicht macht darum Baden einen solchen Spaß? Schwimmen? Weil das Wasser unseren ganzen Körper zärtlich drückt. Also, jetzt aber im Kleinen: Du kannst einfach den Bach umleiten. Oder einen großen See herstellen (vielleicht im Winter zum Schlittschuhlaufen), eine Stromschnelle oder eine Wassermühle. Die ist nämlich auch superschnell gebaut: ein Stock, in kleine Astgabeln gesteckt, ist die Achse, darauf sitzen Schaufelräder aus alten Plastikbechern. Oder du beginnst ein geradezu venezianisches Kanalsystem. Ein ägyptisches Bewässerungsreich. Ein usbekisches Versickerungsland. Das geht auf jedem Acker, aber auch auf einem Parkplatz. Im eigenen Garten sowieso. Und die Ernte ist reich: Deine kleine Schwester und ihre Freundinnen haben währenddessen immer genug Klackermatsch an der Hand, um ganz dicke Brötchen draus zu backen. Womit wir beim nächsten Punkt wären.

2. Die Fluten bändigen:
Eine Wasserlandschaft bauen

Wasser ist das Element, das unseren neugierigen Händen am elastischsten antwortet. Gebt zu, Wasser macht immer Lust, etwas damit zu veranstalten (außer natürlich sich zu waschen): Es dem Bruder ins Gesicht zu spritzen, die Finger hineinzutauchen, einen Köpfer reinzumachen, es zu verteilen oder es zu konzentrieren. Es zu sammeln und es zu verschütten. Etwas Superechtes zu kochen. Schiffe drin zu versenken. Steine. Schuhe.

Wie oft dürft ihr das? Hemmungslos? Ich meine, auch ohne Matschhose und Gummistiefel? Wasser in Kombination mit Persil hat zwar die Eigenschaft, Klamotten sauber zu kriegen. Aber Wasser in Kombination mit der alltäglichen Wirklichkeit da draußen macht wunderbar dreckig. Jeder, der echt und richtig arbeitet, wird dreckig, oder etwa nicht?

Für die Flusslandschaft brauchen wir einen weicheren Boden. Man muss darin graben können. Mit den Händen. Mit Stöcken. Mit einer

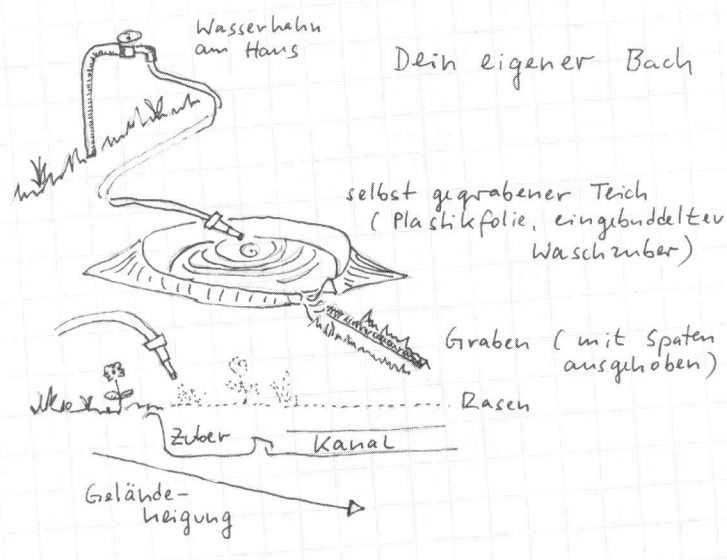

Schaufel. Staumauern und Schleusentore, Rinnsale und Verbindungsfluter, Rückhaltebecken, über deren Rand das Nass erst langsam leckt und dann immer schneller strömt, bis es alles mitreißt. Klar geht das am Meeresstrand am besten. Aber wie oft seid ihr da? Es geht auch auf dem umzäunten Brachgrundstück gegenüber nach dem Regen. Aber ohne Regeln. Notfalls müsst ihr einfach mal bei gutem Wetter ein großes Loch machen und dort eine entsprechende Plastikfolie eingraben.

3. Das Leben packen:
Einen Fisch fangen (oder einen Frosch)

Wasser hat noch die Eigenschaft, dass man gut darin wohnen kann. Vor allem interessante Lebewesen. Aber auch Bakterien und Einzeller: Lass einen Becher mit Wasser und ein paar Pflanzenreste eine Weile stehen, und er wird irgendwie zur schleimigen Brühe. Unter dem Mikroskop zeigt sich dieser Schleim dann als dichte Packung von winzigen Wesen, die meist nur aus einer einzigen Körperzelle bestehen, nicht wie wir aus Billionen. Es ist wie in einen Himmel mit abertausenden Sternen schauen, nur liegt er durch die Linse gesehen als dicht bevölkerter Abgrund unter uns.
Die größeren Wesen muss man anders rausholen. Aber ihr werdet sehen, dass das Wasser von ihnen genauso voll ist. Ihr müsst nur hinschauen. Und reinfassen. Wie kommen wir an diese Tiere ran? Steine umdrehen. Holzstücke abtasten. Darunter sitzen etwa Plattwürmer mit ihren niedlichen kleinen »Öhrchen«. Oder die Larven von Libellen und Köcherfliegen. Wasserskorpione. Schwimmkäfer.
Und vergesst nicht: Angeln geht immer. Dafür brauchen wir eine richtig gute Profiangel. Die könnt ihr euch zum Geburtstag von euren Großeltern wünschen, aber weil der vielleicht noch elf Monate hin ist und die Eltern von eurem besten Kumpel sowieso gegen Gewaltsport sind, könnt ihr euch auch so behelfen. Max nennt so was »Ruckangel«. Angelt auch. Ist im Handumdrehen zusammengebastelt. Mit

einer langen Gerte, einem Zwirnsfaden und einem Angelhaken plus Schwimmer (»Pose« nennen das die, die den ganzen Tag nichts anderes machen, als zu angeln, im Verein, und doch nie was fangen. Zumindest sieht man es selten). Und Köder, naja. Hier wird es etwas brutal. Sagen wir: Man kann gut Brotteig nehmen. Man kann natürlich auch alles Mögliche andere, was so krabbelt und sich windet, an den Haken stecken.

Einst – einst, das ist die Zeit, bei der eure Großväter so geblähte Nasenflügel kriegen und eure Großmütter feuchte Augen –, einst also gingen eigentlich alle Kinder Angeln. Trotzdem gab es mehr Fische in den Gewässern. Wie kommt das bloß? (Natürlich brauchen wir heute in Deutschland an Seen und Flüssen einen Angelschein. Ihr wisst schon, was ich meine.)

4. Weit wandern, um anzukommen

Und wenn es in der Nähe keinen Bach gibt? Nicht einmal ein Rinnsal? Wenn ihr den Vorfluter eingehend untersucht habt, der hinter der Plastikfabrik in einer großen unterirdischen Röhre verschwindet, in der es zwar spannend ist (merken, den Ort könnt ihr bei Gelegenheit wieder gebrauchen), aber in der man nicht angeln kann? Wenn ihr keine Wiese habt, auf der man graben kann, keinen Sandplatz, auf dem man mit Folien das Wasser sammeln und eine Kanallandschaft bauen kann? Wenn ihr gar nichts habt?

Dann müsst ihr eben auswandern. Euren Spielplatz kapern. Euch den Raum nehmen. Euch das Nötige nehmen.

Jetzt wird es haarig. Denn dürft ihr das auch?

Früher war es ja so: Eure Altersgenossen der 1950er, 1960er, 1970er Jahre flogen raus. »Geht spielen!«, hieß es dann einfach. Siehe die schlafende Mutter weiter oben. »Seid zum Abendbrot wieder da! Um halb sieben!« Das war schlimm genug.

Danach hatte man seine Ruhe. Konnte mit dem Fahrrad von Hamburg bis Neumünster fahren und dabei für 20 Mark Pfandflaschen sam-

meln, so wie ich in meiner Kindheit im südlichen Schleswig-Holstein. Auf dem Nützener Truppenübungsplatz leere Granathülsen einpacken. Einen Nachmittag lang am Weiher in Westerwohld (der längst überplaniert ist) Wasserfrösche ihre Schallblasen aufpusten sehen. In der Alster angeln. In der Alster baden. Das Baumhaus von Heiko und Thorsten abwracken, anonym. Auf einer großen Wiese den ganzen Nachmittag kicken. Mit jedem, der sich anbot.
Und warum könnt ihr das nicht auch?
Es ist ganz einfach. Ihr müsst einfach losfahren. Oder loswandern. Schauen, was hinter dem Tellerrand liegt. Auf eigene Faust abhauen. (Ihr wisst schon, siehe Punkt 5 auf Seite 32.) Ihr habt ja sogar ein Handy und könnt um Hilfe rufen noch aus dem dunkelsten Wald. Einfach weg sein. Und wenn eure Eltern fragen, was ihr den Nachmittag über gemacht habt, sagt ihr: »Nichts«.

5. Euer Dauerbegleiter:
ein richtiges Messer (kein Spielzeug)

Ja, das ist so eine Voraussetzung von allem. Mit einem guten Messer kann man auch ein paar Stunden allein herumbringen. Und wenn man alle Disteln der Nachbarschaft köpft. Ein gutes Messer ist wie ein Bruder. Wenn man es dabei hat, ist man nicht so schnell aufgeschmissen. Es kann schneiden – natürlich. Hacken. Holz spalten. Graben. Schrauben aufdrehen. Tiere häuten. Naja, oder Brote schmieren.
Ein gutes Messer heißt: eins aus solchem Stahl, der rostet. Dadurch wird es mit der Zeit hässlich dunkel. Aber rostender Stahl ist viel weicher, und daher kann man ihn leicht sehr scharf halten. Denn ein gutes Messer ist vor allem *messerscharf*. Es ist so scharf, dass man eine Gänsehaut bekommt, wie gut man sich darauf verlassen kann. Gute Werkzeuge, gute Geräte lügen nicht. Sie können das, wofür sie gemacht sind. Lustigerweise sind sie oft nicht so teuer wie Dinge, die nur so aussehen. Die besten kommen aus Schweden von Mora. Ein Supermesser gibt es etwa im Internet bei www.hkgt.de. Und es kostet nur

13 Euro. Sieht auch nicht so angebermäßig aus. Aber ist treuer als ein kleiner Bruder.

Übrigens: Eure Eltern kriegen natürlich sofort Angst. Und sie haben recht: Ein gutes Messer kann einen auch umbringen. Es ist so scharf, dass man sich damit einen Finger abschneiden kann, wenn man nicht aufpasst. Aber locker. Interessanterweise passieren mehr dumme Unfälle mit schlechten Messern. Mit Messern, die sich nicht richtig schärfen lassen, sodass man ordentlich drücken muss und dann doch bloß abrutscht – natürlich in den Daumen. Oder den Nachbarn.

Ihr wisst es ja selbst: Ihr wollt das Echte. Nicht den Kinderkram mit dem Teddy drauf, der euch die Lust austreibt und damit die Botschaft in eure Seelen schnitzt, dass letztlich alles Fake ist. Nein. Es gibt eine Wirklichkeit, das wisst ihr im Herzen, und sie ist ein bisschen gefährlich. Aber es ist die echte Wirklichkeit. So wie ihr. Ihr seid auch echt.

Und was ist jetzt mit dem letzten Punkt (Ihr wisst schon: Das alles auch noch zeichnen oder aufschreiben)? Klar. Ein Strich auf einem Papier (oder auf einem Stück Rinde oder in einem Fleck Sand) ist ein Blitz von Erinnerung, dessen Spur sichtbar gemacht wurde. Schon ein winziges Gekritzel reicht, damit die glitzerndsten Augenblicke deines Lebens bei dir verweilen – zumindest ein bisschen. Und am Ende eines Jahres hast du ein Protokoll, wo du warst – und was du dabei geworden bist. Schreiben ist oft mühsam – eine kleine Skizze funktioniert auch und häufig besser. Du kannst auch mitgebrachte Sachen – Blätter, Scherben, Insektenhüllen – dazukleben. Und schon entsteht ein Kunstwerk, fast so schön wie die Natur.

Das meint Emma

»Wenn ihr Erwachsenen wissen wollt, was gut für uns ist, dann müssten eben wir Kinder mal die Herrschaft zu Hause übernehmen. Also für mindestens 24 Stunden. Oder am besten gleich für eine ganze Woche. Aber es ist ja so, dass ihr davor Angst habt. Dass wir die ganze Zeit nur Erdbeeren mit Schlagsahne essen würden und so. Nie was aufräumen. Euch den ganzen Abwasch machen lassen. Aber das ist Quatsch. Nur dass ihr mit diesem Denken nie mitkriegt, was wir wirklich gerne tun. Weil ihr immer alles bestimmt, weil ihr ungeduldig seid und ehrgeizig und immer so schnell beleidigt. Und immer so eilig. Eigentlich seid ihr ganz schön oft wie Lehrer in der Schule. Die überlegen auch die ganze Zeit, wie wir noch besser werden könnten. Und vergessen total, dass wir gar keine Lust auf Unterricht haben, egal wie der ist. Sobald es Noten dafür gibt, ist es sowieso versaut. Wieso merken das die Erwachsenen bloß nicht? Also Schule bräuchte es eigentlich nur an zwei Tagen geben. An den anderen könnten wir spielen. Aber stattdessen haben wir oft ein schlechtes Gewissen, wenn wir spielen.
Darum ist es gut, einen Ort zu haben, der geheim ist. Wo sich unsere Bande treffen kann. Unsere letzte Bande hieß ›The four eyes‹. Die vier Augen. Das ist eine Detektivbande. Die neue heißt MG. Das ist eine Abkürzung. Der Rest ist geheim. Darum kann ich hier auch nicht alles aufschreiben. Es soll ja nicht jeder wissen. Papa hat auch keine Ahnung. Jedenfalls haben wir in unserem Baumhaus unsere Zentrale.

Da liegen die Geheimsachen versteckt. Wo, weiß keiner. Nur mein Hund, Erbse. Der ist ja oft mit, wenn wir da sind. Obwohl ich manchmal keine Lust habe, ihn mitzunehmen. Dann nervt Papa so lange rum, bis ich ihn doch mitnehme. Und es ist seltsam: Wenn Erbse dabei ist, habe ich manchmal so komische Erlebnisse. Ich laufe dann mit ihr den Berg hinter dem Garten rauf, so ohne Wege, über den Sand und das wenige spitze Gras. Und es ist schon öfters passiert, dass ich plötzlich stehen bleiben musste, weil die Welt so schön war. Plötzlich war alles wie mit einem Silberhauch überzogen. Ich kann es nicht richtig erklären. Der Hund rannte mit fliegenden Ohren über den Sand und jeder Grashalm leuchtete. Das war ein komisches Gefühl. Alles war irgendwie an seinem Platz. Und ich auch, mitten darin. So, als könnte nie etwas wirklich Schlimmes geschehen. Etwas richtig Schlimmes meine ich.«

Und das meint Max

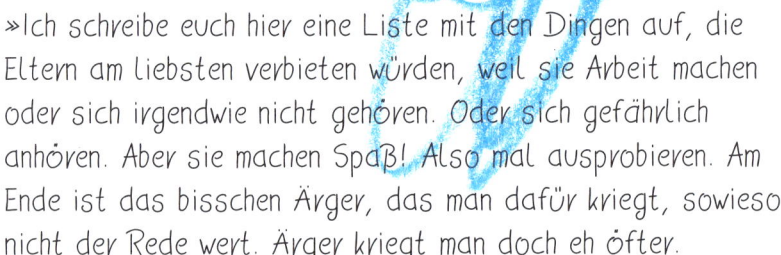

»Ich schreibe euch hier eine Liste mit den Dingen auf, die Eltern am liebsten verbieten würden, weil sie Arbeit machen oder sich irgendwie nicht gehören. Oder sich gefährlich anhören. Aber sie machen Spaß! Also mal ausprobieren. Am Ende ist das bisschen Ärger, das man dafür kriegt, sowieso nicht der Rede wert. Ärger kriegt man doch eh öfter.

> Mit Turnschuhen knietief in Pfützen springen
> Mit allen Kleidern baden

- Im Springbrunnen auf dem Marktplatz mit Kleidern baden und die Mädchen aus der Klasse ins Wasser zerren, sodass am Ende alle nass sind
- Auf einem Baum so hoch klettern, dass man über alle anderen Bäume gucken kann
- Auf jungen Birken so hochklettern, dass sie sich durchbiegen und dann runterrutschen
- Einfach in einem schönen Baum in der Höhe, ohne zu fragen, ein paar Bretter als Ausguck festnageln
- Blumen woanders ausgraben und zu Hause einpflanzen
- Eine große Heuschrecke fangen und über den Arm krabbeln lassen, obwohl man weiß, dass sie vielleicht beißt, und sie auf keinen Fall umbringen
- Pfeil und Bogen bauen und auf Jagd gehen
- Ein Softair-Gewehr besorgen und damit auf Jagd gehen und im Gebüsch einen Schießstand einrichten. Ist aber verboten
- Den Hund einfach frei auf dem Feld laufen lassen
- Den Hund auf dem Wohnzimmerteppich heimlich mit Wurst füttern
- Barfuß in der Shopping-Mall einkaufen
- Barfuß U-Bahn fahren und so zur Schule gehen
- Den elektrischen Weidezaun anfassen, am besten als Gruppe, bei der sich alle an den Händen halten
- Pfützeneis so zertrampeln, dass man einbricht (geht aber nur bei flachen Pfützen)
- Von zu Hause ausbrechen und draußen schlafen

Mein Papa, der hier so viele (ächz) Empfehlungen gibt, würde auch bei manchen der Dinge, die ich vorschlage, Nein sagen. Hat er auch schon und war ganz aufgeregt. Eltern trauen uns immer zu wenig zu. Und dann verlangen sie wieder

zu viel von uns, etwa dass wir stets eine Eins schreiben. Oder wenigstens immer eine Drei.
Zum Beispiel war ich im letzten Sommer ein paarmal mit meinen Freunden querfeldein unterwegs. Wir mussten unter Stacheldrahtzäunen durchklettern und sogar einmal durch einen Bach schwimmen. Wir sind einfach geradeaus gegangen, ein paar Stunden. Über Felder. Durch die Döberitzer Heide, ein Naturschutzgebiet in der Nähe von Berlin. Natürlich ist einer im Stacheldrahtzaun hängengeblieben und hat geblutet. Aber wir haben uns nicht mal verlaufen.
Dann habe ich Papa gesagt: ›Nächstes Jahr, wenn es warm ist, haue ich einfach mit denen ab. Und übernachte ein paar Tage draußen. Ich will es dir nur schon mal ankündigen. Wir sind dann ein paar Tage weg. Du brauchst dir keine Sorgen zu machen.‹ Ich wusste doch auch schon vom Scoutcamp, wie man draußen Feuer macht. Aber Papa war etwas verunsichert. Am Ende hat er es mir verboten! Und jetzt schreibt er so ein Buch. Hat doch auch Bedenken wie alle Eltern, und hat er die wegen mir oder wegen sich selbst?
Dafür haben wir schon mal zusammen am Fluss übernachtet, auf einer Kiesinsel. In Italien in den Bergen. Aber um vier hatte er echt viel Schiss, weil der Hund immer in eine Richtung ins Dunkel gestarrt hat. Da wo wir in Italien leben, gibt es nämlich nicht nur Wildschweine, sondern auch Wölfe. Also mussten wir zurückwaten, im Dunkeln, durch den hundert Meter breiten Wildbach. Ich glaube, nur das war wirklich ein bisschen gefährlich.«

Vom Golfrasen zum Brachen-Paradies

Wie der eigene Garten zur Abenteuerzone wird

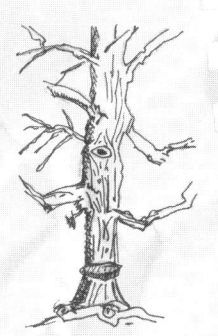

»Das freie symbolische Spiel ist die natürliche Tätigkeit des Kindes und Grundlage der späteren Fähigkeit, dem Leben auf schöpferische Weise zu begegnen.«

REBECCA WILD[5]

Ich erinnere mich an eine Begebenheit, die im vergangenen Jahr in meinem damaligen Garten stattgefunden hat. Es war noch März, aber es war einer jener frühen und warmen Sonntage. Überall brach die Seligkeit des Frühlings hervor. Die Sträucher knisterten förmlich, so sehr reckten sich die Knospen, mit so viel Ungeduld sprengten sie ihre dünnen Häute ab.

Ich lag auf dem von der Kälte vergilbten Rasen und schaute den Kindern beim Schaukeln zu. Nach und nach hatten sich alle hier versammelt, eine gemischte Reihe, die aus den anderen Gärten in der Straße hervorsickerte. Die Nachbarin, die in schützenden Gummigaloschen damit beschäftigt war, Sträucher zu stutzen, sah halb belustigt, halb missbilligend zu mir herüber. Auch ihre Kleinen waren hier. »Wenn ich

---

5 Rebecca Wild (1995): *Erziehung zum Sein*, Freiburg: Arbor Verlag, S. 37

so einen Garten hätte wie du, könnte ich jetzt auch auf der faulen Haut liegen!«, rief sie. »Lass dir doch so einen wachsen«, rief ich zurück. »Passiert von ganz allein. Man kann im Gras liegen und dem Leben zusehen.«

Unterdessen waren die Kinder vom Holzgerüst der Schaukel auf die große Kopfweide dahinter gewechselt. Wer geschickt ist, schafft es ganz gut, sich irgendwie in die Zweige zu klammern und hinüberzuhangeln. Die anderen kletterten in den ausladenden Baum auf einer alten Stahlleiter, die halb in Efeu angewachsen am Stamm lehnt, und verteilten sich auf der runden Plattform in zweieinhalb Meter Höhe, wo der Stamm bei einem Gewitter einmal halbiert worden war. Noch hatten die Zweige nicht ihre silbergrünen Blattlanzetten hervorgetrieben, unter denen die Kinder im Sommer verschwinden können wie in einer wogenden Flut aus Chlorophyll. Alle Kinder hüpften auf den Ästen gut sichtbar hin und her wie Vögel auf einem Baum im Vorfrühling und schnatterten und riefen durcheinander. Ich lag im Gras und hörte ihnen zu. Ich schaute auf die Welt, die sich ihr Bild selbst schuf, die sich in Schönheit und Harmonie verwandelt, ohne dass ich einen Finger rühren musste. Es soll nicht so klingen, als würde ich mich mit der idyllischen und so kindergerechten Gartenanlage eines Hauses brüsten, in dem ich ein paar Jahre verbracht habe. Ich habe nichts dazu getan, dass sich dort eine abwechslungsreiche Welt einstellte, mit vielen kleinen Winkeln und vergessenen Nischen. Ich bin völlig passiv geblieben. Sagen wir, ich habe möglicherweise auf außerordentlich dickköpfige Weise die Finger in den Schoß gelegt. Sehr zur Frustration übrigens der Mutter meiner Kinder, die irgendwann angesichts des unordentlichen, praktisch nie gemähten Rasens nicht mehr vom Garten sprach, sondern nur noch vom »Acker«.

Das alles ließ den Ärger der Nachbarn in der Stille schwären. Sie nahmen nur Trägheit, Anarchie, Wildwuchs und südeuropäisches Chaos wahr. Bei Weber holt man sich Zecken, hieß es. »Weißt du eigentlich, was man sich hier in der Straße über euren Garten erzählt?«, wurde ich einmal gefragt. Ein anderes Mal, als über Wochen riesige Maulwurfshügel den »Acker« quasi wie von Geisterhand umpflügten, meinte ein Nachbar, der auf seinem Golfrasen seit Jahren in einer verzweifelten Abwehrschlacht gegen die samtigschwarzen Wühl-Wesen begriffen ist und schon alle möglichen Mittel von der geräuschvollen Vergrämung bis zum Köder versucht hatte: »Jetzt hast du auch mal welche. Aber du findest die ja geil!«

Nichts zu tun hieß also doch auch zu arbeiten. Es hieß, gegen den Gradienten der herrschenden Standards eines sozial anerkannten Gartens zu handeln – hieß, gewissermaßen im Untergrund zu wühlen.

All das folgte meiner ein wenig trägen Überzeugung, dass Tiere und Pflanzen es im Zweifel ein wenig besser wüssten, was für sie gut sei, als ich. Diese Haltung zog zumindest immer mehr von ihnen an. Im Laufe eines halben Jahrzehnts blühten gelb leuchtendes Habichtskraut und zartblauer Ehrenpreis zwischen dem Gras des »Ackers«, so überzeugend üppig, dass mich einmal meine Tochter an die Hand nahm und rief: »Schau mal die schönen Blumen!« Tiere ließen sich anlocken, Heuschrecken und Eidechsen begannen die Wiese zu bevölkern. Aber vor allem kamen Kinder, als wäre dieses vernachlässigte Stück Land ein offiziell nach ihren Bedürfnissen designter Spielplatz. Kinder, die mit Eidechsen spielten! In meinem eigenen Garten! Ich tat nichts, und die Welt verwandelte sich in ein Geschenk.

Stimmt, ich mache Werbung für das Geschehenlassen. Für das Nichtstun. Für Vertrauen darauf, dass sich das Richtige von selbst einstellt, wenn man die Kräfte des Lebens walten lässt, ohne allzu menschliche Normen und Formen zu erzwingen. Und die Kräfte des Lebens sind jene, welche in den letzten sieben Milliarden Jahren einen unfassbar filigranen, unfassbar vielfältigen und unfassbar widerstandsfähigen biologischen Kosmos aus Leibern, Gefühlen und Erfahrungen geformt haben. Ich bin der festen Meinung, dass man sich diesen Lebenskräften getrost anvertrauen sollte – etwa indem man mehr auf sein Gefühl hört als auf das eigene Eltern-Ich, das beständig die Einhaltung von Normen anmahnt. Aber man kriegt Ärger für sein Vertrauen. Man macht sich, immer noch, zum Spinner. Darauf sollte man gefasst sein. Emma ließ sich irgendwann vom Baum gleiten und inspizierte den dreckigen Plastikherd, der seit Jahren im Garten steht, das kleine Spülbecken mit einer Nährbrühe aus vorjährigem Laub und Regen gefüllt. Dann schaute sie suchend um sich, setzte sich erst zögernd in Bewegung, begann dann aber, entschlossen von ein paar verwilderten Rosenbüschen die Knospen abzureißen und in der Kochmulde zu sammeln.

Auch die Freundin sprang von der Weide. Hingebungsvoll begannen beide, Essen zuzubereiten, indem sie Acker und Büsche nach »Kochbarem« durchforsteten wie ein Erwachsener Supermarktregale zur Vorbereitung für ein Abendessen. Monatelang hatte der Herd vergessen gestanden – und war plötzlich wieder Mittelpunkt. So könnte es jederzeit den anderen versteckten Winkeln gehen: dem Versteck unter Brettern im Holzschuppen, dem Ausguck auf dem Gartenhausdach, dem Nest unter den Thuja-Büschen, dem vom Hund gegrabenen Erd-

loch, aus dem sich immer neuer Sand hervorkratzen ließ. Es genügte, dass die Augen der Kinder etwas noch nie Probiertes entdeckten oder etwas Altes wiederfanden, und schon begann die Zeitrechnung wieder aufs Neue.

Das ist der Sinn eines Gartens für Kinder: Er wird in ihren Herzen zu jenem Ort, der ihrer Freiheit keinerlei Grenzen setzt. Wenn sie in ihm wie wilde Blumen wachsen durften.

Eigentlich ist wieder mal alles ganz einfach. Ihr müsst eure Eltern nur dazu anhalten, im Garten mehr mit euch zu spielen und weniger zu arbeiten. So einfach. So schwer. Also leicht gesagt: Bringt eure Eltern dazu loszulassen. Und auch mal euch zu glauben und zu vertrauen. Gar nicht so ohne. Eine solche Umkehr schaffen oft nicht mal Personalberater, welche tausend Tipps zur Entspannung, Meditation, Gewaltfreiheit und zum Ausdruck wahrer Gefühle verinnerlicht haben. Aber manchmal hilft es, ein bisschen zu spielen, und schon kommt man auf andere Gedanken.

Die Grundidee besteht darin: Euer Garten ist kein Vorzeige-Objekt zum Angeben, sondern eine Werkstatt zum Ausprobieren. Der Rest folgt von allein. Wir müssen nur überlegen, was man zum Ausprobieren braucht. Und wir müssen ausmachen, was dabei auf gar keinen Fall stören darf. Das Folgende beschwichtigt vielleicht auch euren Papa und eure Mama: Nagelt doch ein Schild an den Zaun, wenn die Nachbarn anfangen zu tuscheln. »Hier ist eine *Lebendigkeits-Werkstatt*«, könnt ihr beispielsweise draufschreiben. Das ist eine ganz wichtige Mission!

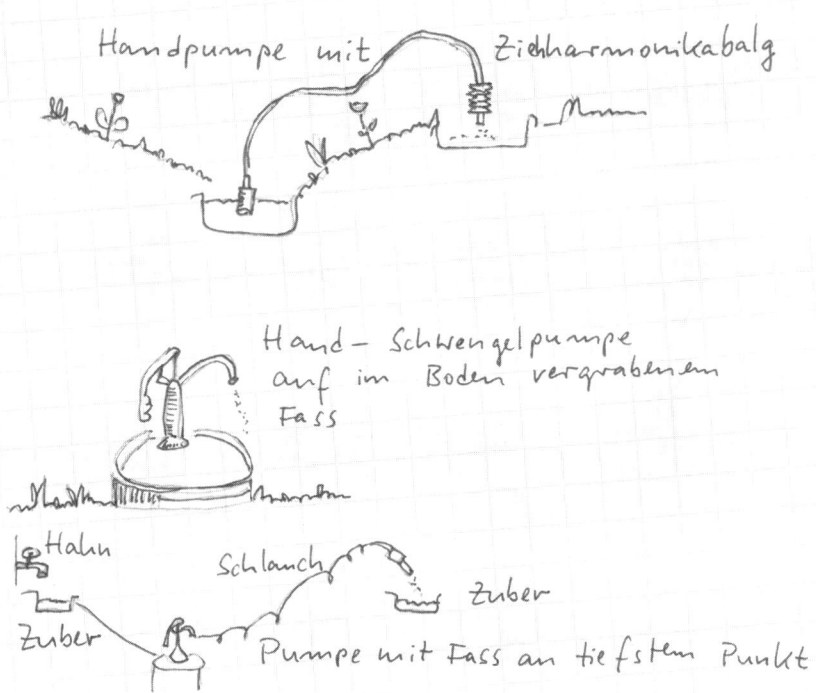

1. Sandkästen in **Berge** verwandeln

Sand ist fast so beweglich wie Wasser: Trocken kann er fließen, Wellen bilden, rinnen. Angefeuchtet ist er das perfekte Material, um daraus Formen zu modellieren: Häuser, Städte, Fahrbahnen, Düsenjäger-Cockpits, Jabbas Skiff. Aber Sand macht nur Spaß, wenn er so wild und ungezügelt daherkommt wie Wasser. Eine Sandkiste im Garten ist wie ein Aquarium. Wild? Da musst du dich aber verfühlt haben. Wie wäre es stattdessen mit einer Wanderdüne im Garten? Mit einem baustellenwürdigen Berg, an dessen Hinterseite schon Disteln hochwachsen, weil ihr ihn einfach nicht weggebuddelt bekommt? Zehn Kubikmeter Sand kosten inklusive Lieferung mit dem LKW ungefähr 150 Euro. Anrufen, Adresse durchsagen, fertig. Die Nachbarn werden ein bisschen staunen.

2. Echtes kochen und **Fantastisches** backen

Habt ihr das überhaupt schon mal gedurft? Nicht echt kochen, indem ihr Papa (leicht genervt) helfen dürft, die Karotten zu schneiden (zu langsam), bevor die Gäste kommen (nun lass mich mal, das muss jetzt klappen, nein, keinen Ketchup da rein, geh jetzt mal in dein Zimmer spielen!), sondern auf eigene Faust und nach eigener Regie? Mit echtem Essen? Mehl, Milch, Wasser? Nein? Zum Glück ist das draußen kein Problem. Hier könnt ihr alles mischen! Stellt die Töpfe auf die Terrasse und los. Oder baut euch aus Erdlöchern, die ihr zwischen den Tulpen aushebt, einen afrikanischen Schmorherd. Und mischt! Schließlich wird Papi (seine Karotten sind zu Tode gedünstet und versalzen, aber die Gäste kauen sie trotzdem, ohne mit der Wimper zu zucken) von den fertigen Speisen sowieso nur ein ganz bisschen kosten. Mischt, was die Natur euch bietet: Löwenzahnsamen, Ampferblätter, Gras, Kakaokrümel aus Erde, Stachelbeeren vom Beet, Laub vom Vorjahr, Vogeldreck ... Yummy!

3. Gemüse aus dem **Garten**

Das ist Spielen, aus dem ernst wird: Grabt ein Stück Land um und pflanzt euch ein Beet. Darauf kann alles Mögliche wachsen: Gemüse aus Samen vom Supermarkt, eine eigene Giersch-Zucht einfach nur so, Salat für euren Schnecken-Rennstall, riesige Sonnenblumen, ein paar Kräuter, ein Baum. Zum Umgraben braucht ihr einen richtigen Spaten. Und dann beginnt der Arbeitsspaß: Ihr steigt mit beiden Füßen auf die Kanten des Spatenblatts, stecht es in die Erde und schachtet langsam einen Graben aus, indem ihr den Aushub in eine Reihe dahin-

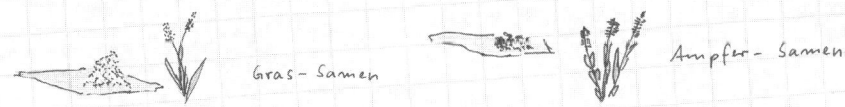

ter werft. Die Grassoden vom gut gestutzten Rasen zuunterst. Nun die nächste Furche ausgraben, die Erde in die erste, schön locker – so habt ihr das Land optimal urbar gemacht. Etwas schweißtreibend, aber ganz allein euer Werk. Ich habe meine ganze Jugend mit so was vertrödelt, während die anderen Jungs sich Mofas kauften und dann auch noch mit dem Mädchen, in das ich bis über beide Ohren verliebt war, abzogen. Also, wie ihr seht, klare Empfehlung!

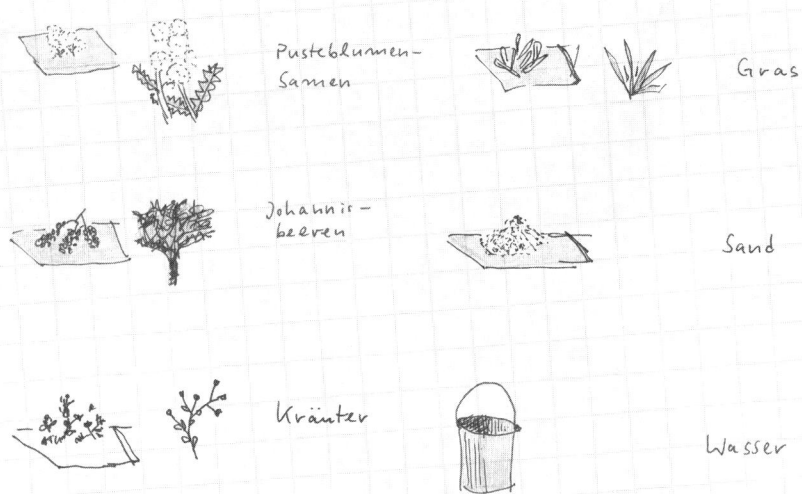

4. Das eigene **Versteck** bauen

Worauf alles klar hinausläuft, das ist euer eigenes Baumhaus. Aber das könnt ihr nicht im Garten eurer Eltern bauen. Siehe weiter hinten in diesem Buch. Doch für jeden Tag und für ganz schnell zwischendurch und überhaupt als Versteck braucht ihr auch hier euren Fleck. Euren *sit-spot,* würden die Indianer sagen. Wo ihr auf das Knistern der wachsenden Blätter lauschen könnt. Oder im Sonnengefunkel, das durch das Grün flirrt, heimlich ein Buch lest. Oder indem ihr euch einfach nur ein Loch zum Verschwinden sucht. In das euer kleiner schwarzer Wuschelpudel gerade noch hineinpasst.

5. Kletterbäume

Hängen mit dem Versteck unmittelbar zusammen: Denn das beste Versteck ist eigentlich ein Vogelnest. Gibt es große Bäume im Garten? Dann könnt ihr Quersprossen an den Stamm schrauben und euch langsam in die Krone vorarbeiten – oder zum nächsten bequemen Sitzplatz. Gibt es keine: Kletterbäume lassen sich super anpflanzen. Weiden etwa: Die wachsen rasend schnell und bilden diese wunderbare Versteckplattform, wenn man sie regelmäßig in drei Metern Höhe kappt.

6. Gartenteich

Ein Teich ist eine ganze Welt im Kleinen: Ein Vergrößerungsglas auf das Leben in einem mikroskopischen Idyll. Und natürlich eine Lebendigkeitsmaschine: Ein bisschen das ganze Jahr über stehendes Wasser reicht völlig aus, um sich von selbst zu einem abwechslungsreichen Biotop zu entwickeln. Vögel kommen zum Trinken und schleppen kleine Schnecken mit, Samen von Wasserpflanzen, Insekteneier. Ihr braucht nur die Mulde ausheben, eine Plastikfolie vergraben, Kies oder Sand (von eurem Haufen etwa) draufschütten, fertig. All das geht, ohne dass sich ein einziger Erwachsener einmischt. Das könnt ihr schon. Garantiert.

7. Knall die Dose

Schon einmal mit klopfendem Herzen an einem lauen Abend hinter einem Rosenbusch gesessen und darauf gewartet, dass die Sucherin weit genug vom Abschlag weg war, um loszusprinten, den Ball wegzukicken und damit sich und auch alle anderen freizumachen – 1,2,3 für alle –? Das Blut, das dabei so lustvoll durch die Adern pulst, ist euer Urmenschenblut. Nicht anders fühlen sich Jäger- und Sammlerkinder –

allerdings viel öfter als ihr am Tag. »Knall die Dose« heißt das Spiel, das wir früher an solchen verzauberten Abenden bis in die Dunkelheit getrieben haben (auf Englisch heißt es lustigerweise genauso, *Kick the Can*). Die Dose ist irgendein Ball. Eine schießt ihn weg, ein anderer holt ihn und fängt an, die Meute, die sich inzwischen versteckt hat, zu suchen.

Das meint Emma

»Unser Garten ist eigentlich wie mein Kinderzimmer, nur draußen. Und draußen muss ich nieeee aufräumen! Eigentlich dürfen wir Kinder im Garten machen, was wir wollen. Ich habe verschiedene Ecken für verschiedene wichtige Sachen. Ich habe eine Kochecke mit Herd, ein Versteck in einem Thuja-Busch, das wir im Sommer mal mit ganz viel Stoff ausgelegt haben. Der ist natürlich jetzt total verschimmelt. Eine Ecke im Holzschuppen und meinen Aussichtspunkt auf dem Dach von dem Holzschuppen. Und dann den Kletterbaum. Und natürlich die Schaukel. Als ich kleiner war, habe ich stundenlang geschaukelt. Der Garten ist gut, weil wir machen können, was wir wollen. Wenn alles immer wieder aufgeräumt werden müsste, wäre er langweilig. Dann würden vielleicht auch die schönen Blumen nicht mehr da sein.«

Und das meint Max

»Ich finde den Garten vor allem gut wegen der Tiere. Ich habe schon stundenlang die Eidechsen auf der Treppe beobachtet. Das kann man bei unserem Haus, ganz wie im Zoo. Aber ohne Eintritt. Oder Heuschrecken fangen. Auf der Wiese. Das ist wie in den Ferien. Nicht so wie bei anderen, wo alles geschnitten und gespritzt wird. Ich habe gesehen, wie ein Nachbar mit seiner Pumpflasche Gift gespritzt hat. Erst sterben davon die Insekten und dann meine Eidechsen. Aber richtig was erleben kann man nicht im Garten. Dafür ist man zu nah am Haus. Also entweder ihr baut euch ein echt gutes Versteck, aber ein echt gutes, tief im Gebüsch, sodass es eure Eltern nicht mal merken. Oder ihr haut ab. Macht eure Sachen draußen, woanders. Das Beste in unserem Garten waren noch die ganzen Technik-Sachen, die rausgeflogen sind, als das Haus umgebaut wurde. Die Garagenmotoren, der alte Herd, der Fernseher. Das habe ich alles auseinandergeschraubt und in Einzelteile zerlegt. Dann hat das da Monate gelegen. Man findet beim Rasenmähen immer noch Drähte und Kabel.«

Für jeden ein Tier

Fremde Lebendigkeit kann die eigene retten

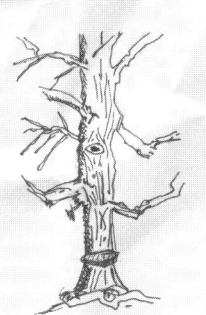

»Der Wunsch nach einem Tier entspringt
der Sehnsucht nach Bindung zur Natur.«
KONRAD LORENZ[6]

Gletschergrün perlt die Alm, der breite Bergfluss im österreichischen Grünau, über die dicken Bachkiesel. Das rauschende Wasser lässt Inseln frei, bildet Rinnsale und kleine Kaskaden. Lichtgrün glänzt das Laub der Erlen, in blasser Würde zurückgereckt umstehen die hohen Bergwände aus grauem Gestein das Tal. Graugänse treten auf den trockenen Stellen des Flusses von einem Fuß auf den anderen, öffnen bisweilen ihre Schnäbel und lassen ein melodisches Grunzen hören. Man kann sie streicheln, wenn man sich vorsichtig nähert.
Doch Max hat es hier, auf dem naturnahen Vorplatz der zoologischen Forschungsstation der Uni Wien, ein anderer Vogel angetan: Eine Dohle, die ihm auf Schritt und Tritt folgt. Ihre Augen glänzen wie polierte schwarze Steine, ihr schwarzes und graues Gefieder ist warm von der Sonne, wenn man die Hand darauf legt. Aber die Dohle

---

6   Zitiert nach Ulrich Gebhard (2009): *Kind und Natur. Die Bedeutung der Natur für die psychische Entwicklung*. Wiesbaden: VS-Verlag für Sozialwissenschaften, S. 123

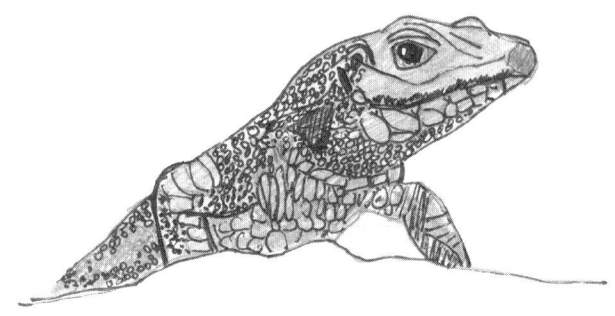

möchte nicht Zärtlichkeiten austauschen, sondern ist an Nützlicherem interessiert: An den Trinkbechern etwa. Unserem Jausenbrot. Im Angriffsflug stürzt sie sich auf uns, wenn wir abbeißen wollen.
Dieser menschenfreundliche Vogel ist fast ein bisschen aufdringlich.
Dann beginnt er, mit meinem Sohn zu spielen. Das Tier rupft Löwenzahnblätter und trägt sie zum Zaun hinter einem alten Schuppen aus grau verwittertem Föhrenholz. Max kommt die Idee: Diese einzelne Dohle, die hier so ganz allein ohne Dohlenverwandte die Nähe von uns pausenbrotessenden Zweibeinern sucht, möchte – natürlich! – ein Nest! Ein richtiges kuscheliges Vogelnest! Und schon geht es los. Auch Max beginnt, Blätter und Gras zu sammeln und das Material mit dem Zaun zu verflechten. Neugierig schaut der Vogel Max aus seinen Glanzaugen zu, als dieser die Arbeit erledigt, die eigentlich seine eigene wäre. Ich sage meinem Sohn nicht, dass ich mich wundere, weil Dohlen eigentlich in Höhlen brüten, in den Nischen alter Schornsteine etwa. In Bergfelsen. Oder denke selbst nicht daran, angesteckt vom Traum, diesem etwas verlorenen Tier eine Heimat zu schaffen, und dabei auch uns irgendwie mit.
Mit animalischer Geschäftigkeit und Entschlossenheit geht Max zur Sache. Grün wird gerupft, zum Rund geformt, wieder verworfen. Auch der Vogel beteiligt sich träge, er beguckt das Bauwerk von der wackligen Dachrinne des Schuppens und zieht dann und wann ein in seinen Augen vielleicht unsachgemäß installiertes Stück Grün mit dem

spitzen Schnabel wieder heraus. Max fragt: »Jetzt hat sie es richtig gemütlich, oder?«

In Wahrheit baut Max sich, während er für den Vogel zu sorgen glaubt, sein eigenes Versteck in der Welt, durch deren Poren mit aller Kraft der Frühling zu uns ruft. Im Grunde formt sich gerade mein Sohn mit den Händen, die Laub abreißen und Zweige knicken, seine Heimat inmitten des Lebens.

Tiere sind unsere Sinnesorgane, mit denen wir die lebendige Wirklichkeit wahrnehmen. Brücken zum eigenen Gefühl, dass wir aus Fleisch und Blut bestehen und tiefe emotionale Bedürfnisse haben, nach Schutz und Geborgenheit, nach Bindung und Zuwendung, nach Freude und Lebenslust, danach, gesehen zu werden. Tiere sind wir selbst, in anderer Gestalt. Wie in einem Spiegel reflektieren andere Kreaturen Eigenschaften, die wir erst wirklich erkennen können, wenn wir sie vor uns sehen. Tiere sind also, kurz gesagt, notwendige Seelennahrung. Nicht nur Speise für den Körper.

Kinder wissen das von Geburt an. Sie haben einen Instinkt für Tiere – so wie wir Menschen alle mit dem Trieb geboren werden, unsere existentiellen arteigenen Bedürfnisse zu erfüllen. Schon Kleinkinder krabbeln Tieren nach, wenn sie auf eine Wiese gesetzt werden. Und Säuglinge können ohne jeden Zweifel entscheiden, ob etwas ein Lebewesen ist oder ein Holzspielzeug, und während sie das Spielgerät eine Weile fasziniert betasten und dann loslassen, erfüllt Kleinkinder angesichts eines echten Häschens etwa glucksende Neugier. Fast könnte man sagen: Zwischen Kindern und anderen Tieren herrscht eine Art Kontinuum.

Menschen sind jene Spezies, welche die Nähe zu Tieren sucht. Schon in steinzeitlichen Gräbern liegen Menschen mit Hunden bestattet. Kolonlsatoren entdeckten staunend, dass Eingeborene zahme Truthähne, Hirsche und Wölfe hielten – nicht

etwa zur Jagd, sondern weil sie sich in ihrer Gegenwart wohler fühlten. Sollte die Liebe zu anderen Wesen etwa ebenso ein Merkmal unserer Art sein wie die Tendenz, uns ohne Rücksicht auf die Stabilität des Lebensraums auszubreiten?
Wenn Kinder die Nähe zu Tieren suchen, so folgen sie einem uralten Programm geistigen und seelischen Wachstums. Das lässt sich etwa auch darin nachweisen, dass in 80 Prozent aller Träume junger Schulkinder Tiere vorkommen. Dass der Löwenanteil aller Geschichten, die Kinder sich ausdenken, ein Tier zum Helden hat. Das erste erhaltene Kinderspielzeug, eine bronzezeitliche Rassel aus Ägypten, besteht aus geschnitzten Köpfen von Krokodilen, Giraffen und Büffeln.
Psychologen haben längst nachgewiesen, dass diesem Bedürfnis eine universelle Heilwirkung entspricht: Tiere, Natur überhaupt, machen gesund, klug, sozial kompetent. Die Statistik sagt: Kinder, die mit Haustieren aufwachsen, haben einen größeren Wortschatz als andere, können besser über sich selbst sprechen, erkennen die Gefühle ihrer Gefährten schneller und haben einen größeren Freundeskreis. Ihre Schulleistungen sind besser. Und sie haben bei Kummer, von dem keine Kindheit verschont bleibt, Gefährten, zu denen sie sich zurückziehen können und die sich nicht abwenden. Die niemals ein Urteil über sie sprechen. Die immer Lebendigkeit spenden, ganz gleich, wie toll man gerade performed hat.
Denn das ist ein unschätzbares Geschenk der nichtmenschlichen Wesen: Sie können nicht Nein sagen – und entsprechend auch nicht abwerten. Selbst mein schwarzer Puschelpudel, der ja quasi schon ein Mensch ist, schüttelt nie missbilligend den Kopf, wenn ihm ein Happen angeboten wird, der ihm nicht schmeckt, sondern dreht sich leicht witternd in die andere Richtung: Nicht »Nein, das will ich nicht!« ist die Botschaft, sondern »Ich könnte mir vorstellen, dass aus dieser Richtung etwas kommt, das mir munden würde.«
Die Tiere (und Pflanzen), die niemals Nein sagen, sind für uns eine unerschöpfliche Ressource des Lebens und der Bestätigung dafür, selbst lebendig zu sein. Die Urteile, die wir Menschen über andere sprechen (und gerade wir Eltern über unsere Kinder), zielen aber immer darauf,

ihnen gerade diese einzigartige, individuelle Lebendigkeit abzuerkennen. Pädagogische Wünsche wie »So sollst du nicht sein! Ich möchte dich anders!« haben immer etwas Gewalttätiges. Etwas, das einen anderen Menschen für die eigenen Bedürfnisse missbraucht.

Wenn ihr Kind sich hartnäckig an seinen Tierwunsch klammert, scheuen gleichwohl viele Eltern zurück, trotz der überwältigenden Nachweise, dass nichts so sehr gesund, sicher – und menschlich – macht wie die Gegenwart anderer Lebewesen. Für viele scheint die verbindliche Pflege einer Katze, eines Hundes – oder auch nur eines Kaninchens – eine unmögliche Umstellung zu sein. Dabei ist es so wie mit einem Neugeborenen: Ist das Wesen erst mal da, arrangiert man sich quasi automatisch mit all den unvorhergesehenen Verpflichtungen.

Versteckt euch nicht länger, wenn ihr euch mit Tieren umgeben wollt. Das ist das normalste Urmenschenbedürfnis, das ihr nur haben könnt. Natürlich muss es nicht gleich so extrem sein wie bei der Primatenforscherin Jane Goodall, die Regenwürmer unter ihrem Kopfkissen versteckte, als sie klein war – sie konnte sich einfach nicht von ihnen trennen.

Aber wenn ihr euch nach echten Tieren sehnt, dann wird in euch eine Stimme der Gesundheit laut. Es gibt nichts, was gesünder ist für eure Seele, für euer Denken, für euren Spaß miteinander, als zusammen mit Tieren zu leben. Ihr habt also die Medizin, die Philosophie auf eurer Seite, wenn ihr bei euren Eltern um ein Tier bettelt. Ihr könnt ihnen beinahe sagen: Wenn ich bessere Noten schreiben soll, brauche ich zumindest ein Kaninchen. Eigentlich einen Collie. Wenn man die ungefähr 10 000 wissenschaftlichen Artikel dazu studiert, dann stimmt das sogar. Und so anstrengend ist es gar nicht, ein Tier zu halten. Wenn es erst mal da ist,

dann wird das Spazierengehen (Hund) oder das Stallsaubermachen (Maus) irgendwie zu einer Routine, so wie Zähneputzen.
Was? Stimmt. Macht man auch nicht immer.

1. Dein **Hund** – deine Heimat

Sehnst du dich auch nach einem Hund? Dann bist du nicht allein – sondern im Gegenteil der Normalfall. Eigentlich ist ein Hundewunsch so ähnlich alltäglich wie die Lust, sagen wir, Schlitten zu fahren, wenn es geschneit hat. Im Matsch zu spielen, wenn es geregnet hat. Einen Donut zu essen, wenn der Magen leer ist. Und ein Donutstand in der Nähe.
Viele Vorgeschichts-Forscher können sich sogar vorstellen, dass der Mensch selbst erst richtig zahm und zum Menschen wurde, als er anfing, Hunde zu halten. Vielleicht wurde der Hund so etwas wie unser Spiegel, als wir begannen, uns ganz anders zu benehmen als die Affen, von denen wir abstammten, als wir daran gingen, systematisch Tiere zu jagen und richtig viel Fleisch zu essen. Und miteinander zu teilen, so wie die Mitglieder eines Wolfsrudels miteinander die Beute teilen, nicht aber Affen.
Hunde sind die einzige Tierart, deren biologischer Platz in der Menschenfamilie ist. Manche glauben, dass die Menschenfamilie erst dann komplett wird, wenn dort ein Hund mit dem Schwanz wedelt. Was aber Forschungen heutzutage alle herausstellen: Sind Hunde in der Nähe, geht es Kindern nachweislich besser. Also los, setzt eure Eltern mal ein bisschen mit wissenschaftlichen Fakten unter Druck!

2. Mini-Tiere in unendlichen Welten

Tiere sind überall. Man muss sie nur sehen. Sie aufheben. Sie über seinen Körper krabbeln lassen. Und sich Zeit nehmen, sie in Ruhe anzuschauen. Die Tiere, die überall leben, sind wild. Niemand hat die Mengen mikroskopischer Milben auf unserer Haut gezähmt. Die Käfer unter den Holzstämmen, die Ameisen im Haufen am Ende des Gartens, die Schnirkelschnecken, mit denen man nie ein Rennen gewinnt, weil sie immer vor dem Erreichen des Ziels abbiegen.

Sie alle sind zwar klein und unscheinbar, aber ein Stück echte, wilde Wildnis. Und sie alle sind da: Ihr braucht nur die Augen öffnen, schon seid ihr von Tieren umgeben. Sucht hier: Unter lockerer Rinde, zwischen feuchtem Laub, auf der Unterseite von Brettern und Baumstämmen, die auf dem Boden liegen, unter Steinen, am Ufer von Teichen und Bächen, unter Brombeerblättern im Sommer ... Ihr werdet sehen, dass ihr immer mehr Lebewesen findet, je öfter ihr nach ihnen sucht. Euer Sichtfeld weitet sich, eure Sinne schärfen sich – wie bei einem Eingeborenen auf der Jagd.

Ihr könnt die Tiere auch schonend ins Zimmer holen. Gestaltet ein Schneckenglas, den Boden mit etwas Erde bedeckt, einen Löwenzahn dazugestopft. Absolut ausreichend ist auch ein bescheidenes, umfunktioniertes Aquarium, in dem Insekten und Schleimtiere ihren beruhigenden Geschäften nachgehen. In dem Pflanzen so wachsen, wie sie wollen. Nach ein paar Tagen könnt ihr die Kleinen wieder aussetzen.

3. Aquarium – das stille Paradies

Unter Erwachsenen geht das Gerücht, dass ein Wasserbehälter mit ein paar Fischen darin einem Herzinfarkt vorbeugen kann. Das Lustige ist: Es stimmt. Habt ihr euch nie gefragt, warum in Krankenhäusern und Altersheimen Aquarien stehen? Na bitte, jetzt wisst ihr es. Ein Aquarium braucht keine große Sache zu sein und benötigt auch kaum Pflege, wenn es erst einmal läuft. Vielleicht entscheidet ihr euch für anspruchslose heimische Fische? Moderlieschen, eine Teichmuschel? Ein Sprudelstein, Heizung braucht es nicht – und schon habt ihr ein Fenster in eine Zauberwelt, durch das ihr ab und zu von den Hausaufgaben aufblicken könnt.

Und wenn ihr hin und wieder in den Zooladen fahrt, dann ist das immer wieder ein bisschen wie der Besuch in einem ganz großen Schauaquarium. Ein richtiger Tierspaziergang. Freut euch schon drauf.

4. Urban farming: Tiere überall

Am besten aber wäre es, nicht nur eure Wohnung quölle vor Tieren über, sondern die ganze Stadt. Und es gibt doch genug Flächen dort! Nicht umsonst haben sich heimlich etwa die Füchse wieder so ausgebreitet, dass sie in Großstädten häufiger sind als auf dem Land. In

Wahrheit ist die Stadt voller Wildnis – es ist bloß unser Problem, dass wir sie nicht wahrnehmen. Die Idee, kleine Gärten überall in der Innenstadt anzulegen, ist inzwischen nicht mehr neu, aber sie kommt gerade so richtig in Schwung. Der nächste Schritt wäre, die Brachflächen, aber auch Parks und öffentliche Gärten zwischen den Häusern für Tiere freizugeben. Für Schweine, Kühe, Pferde, Schafe. All solche großen Weidetiere, die in ferner Vergangenheit dafür gesorgt haben, dass Wälder nicht jeden Flecken Europas bedeckten, sondern dass es Lichtungen gab, wehende Wiesen, helle Schonungen, auf denen Rotkäppchen ihrer Großmutter Blumen pflücken konnte. Wenn man Tieren die Stadt erlaubte, könnte man nicht bloß einen Schritt zurückgehen in die Zeiten der Bauerndörfer, sondern gleich ganz weit nach hinten in jene Epoche, als wir selbst noch ein Teil der Wildnis waren.

Also, fangt an, eure Eltern, eure Lehrer, wen auch immer damit zu nerven: Ihr wollt Tiere in eurem Leben. Schreibt mit der netten Biolehrerin zusammen einen Brief ans Grünflächenamt und die Lokalzeitung. Sucht einen Landwirt, der mitmachen würde. Als Kinder seid ihr mächtiger, als ihr denkt, weil die Erwachsenen ja eigentlich euer Gutes wollen. Sie wissen nur nicht, was das ist. Sie suchen es immer an der falschen Stelle. Macht darauf aufmerksam! Werdet Politiker! Euch gehört die Zukunft.

Stellt es euch vor. Ein Park, in dem Kinder sich Baumverstecke bauen dürfen, ohne Kontrolle durch Erwachsene, Wiesen, Baumgruppen, ein Flusslauf und Gruppen grasender Tiere, die allen gemeinsam gehören und wo alle gemeinsam wild sein dürfen – also schöpferisch und lebendig –, wen erinnert das an etwas? Genau.

Das meint Emma

»Ohne meinen Hund wäre mein Leben ganz anders. Mein Hund heißt Erbse. Den Namen habe ich gefunden. Er ist eine Art Pudel. So weich und wuschelig. Erbse ist meine kleine Schwester. Ich weiß ja, dass sie ein Hund ist. Aber sie fühlt sich an wie meine Schwester. Sie begrüßt mich immer, wenn ich sie sehe. Sie steht immer schon auf dem Flur vor der Wohnung, wenn ich zu meinem Papa gehe. Und sie will im Bett schlafen. Jetzt habe ich ein Hochbett, da traut sie sich nicht rauf. Aber sonst hopst sie einfach ins Bett, nachts, wenn man es nicht merkt. Und dann liege ich plötzlich mit meinem Gesicht in einem Fell. Weil sie nämlich am liebsten mit dem Kopf auf dem Kissen schläft. Das ist schön, weil ich mich an sie rankuscheln kann. Manchmal legt sie sich auch auf die Füße und ich kann mich nicht mehr umdrehen. Das ist unbequem. Aber trotzdem schmeiße ich sie nicht raus. Ich habe schon viele neue Namen für sie erfunden. Immer, wenn ich durch ihr Fell wuschele, fällt mir ein neuer Name ein. Im Augenblick heißt sie Schnulz. Früher, als ich klein war, hieß sie Mumeranti. Mir fallen immer solche komischen Namen ein und dann benutzen mein Bruder und mein Papa sie auch. Mir sind dann schon längst wieder neue Namen eingefallen. Wenn ich traurig bin, ist es schön, meinen Kopf ins Hundefell zu drücken. Erbse ist immer nett. Sie schimpft nie. Sie hat nie schlechte Laune. Außerdem habe ich ihr beigebracht, Männchen zu machen. Dann sieht sie wirklich aus wie meine Schwester, wenn sie auf dem Po sitzt. Nur hat sie halt mehr Fell als ein Mensch. Früher musste ich immer mit Erbse rausgehen, wenn ich aus der Schule kam. Papa hat das Mittagessen für mich gekocht und ich bin mit Erbse auf den kleinen Hügel hinter dem Haus gegangen. Zuerst hatte ich voll keinen Bock. Aber Papa hat mich immer wieder drum gebeten, und irgendwann war es ganz automatisch. Manchmal war es ganz schön. Irgendwie intensiv und besonders. Ich stand da oben auf dem Hügel und plötzlich fing alles an zu leuchten. Plötzlich war das kurze, borstige Gras, das da auf dem Boden wächst, ganz silbern. Alles strahlte und ich wusste, alles ist gut.«

Und das meint Max

»Ich will vielleicht Tierarzt werden. Ich habe zu Tieren ein besonderes Verhältnis. Sie kommen irgendwie gern zu mir. Einmal auf dem Weg zum Schulbus sprangen zwei Eichhörnchen vor mir auf den Boden und spielten miteinander. Genau vor meinen Füßen. Sie machten Männchen wie unser Hund und keckerten einander an. Einmal habe ich einem Eichelhäher zugehört, der auf einem Ast saß. Er hat eine Nuss geknuspert. Ich kann Tiere auch leicht fangen, weil sie so zutraulich bei mir sind. Als Emmas Mäuse krank waren, habe immer ich sie gefangen, damit wir sie zur Tierärztin bringen konnten. Oder meine Schildkröten, die schon ein bisschen beißen können. Oder Frösche. Oder große grüne Heuschrecken. Andere meinen, die beißen. Aber mich beißen sie nicht. Vielleicht, weil ich Tiere schon als Kind überall gesammelt habe. Wenn Tiere da sind, ist die Welt so schön. Seit wir einen Hund haben, finde ich, dass alles anders ist in unserem Leben. Und alles viel besser.«

Occupy Stadtpark

Krieg den Grünanlagen, Friede den Baumhäusern!

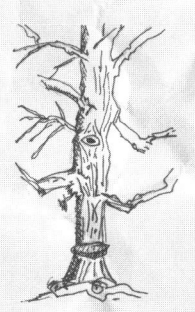

»Kindheit ist oder war einmal oder sollte das erste große Abenteuer sein, eine Geschichte aus Not und Tapferkeit, aus ständiger Wachsamkeit, aus Gefahr und manchmal auch aus Leid.«

MICHAEL CHABON[7]

Im eigenen Unterschlupf laufen die magischen Fäden des Existierens zusammen. Ob wir es Baumhaus oder – gemäß der unzähligen Konstruktionsmöglichkeiten – Hütte, Erdfort, Wildnisversteck, Hochsitz oder Höhle nennen, ist unwichtig. Das Entscheidende bleibt: Entlässt man Kinder in die Freiheit draußen (und wieder ist es einerlei, ob es sich um ein Naturareal handelt, eine städtische Brache oder eine Industrieruine), dann wird unweigerlich eines von ihnen beginnen, einen geschützten Ort zu konstruieren. Zuerst werden symbolisch ein paar Stecken platziert, aber nach und nach füllen sich die Zwischenräume mit Material und verwandeln damit eine bloß angedeutete

---

7 Michael Chabon: »Manhood for Amateurs: The Wilderness of Childhood«. July 16, 2009, *The New York Review of Books*

Umgrenzung in eine wirklich schützende Wand, ein beschirmendes Dach.

Wer heute mehr über Baumhäuser erfahren will, muss unweigerlich zum Archäologen werden. Es ist vielleicht das empirisch am besten gesicherte Ergebnis einer Ökologie des Verlusts, dass neue Baumhäuser kaum noch entstehen. Kinder bauen nicht mehr. Sie wissen auch kaum noch, dass man so etwas überhaupt machen *kann*. Die Wirklichkeit scheint schlicht keinen Platz dafür bereitzuhalten.

Dabei ist ja eine der tiefsten Lektionen in einer von Erwachsenen ungestörten Welt, dass man sich für seine Sehnsüchte den Raum selbst schaffen muss. Dass man sie sich nicht downloaden, nicht im Supermarkt kaufen kann, dass sie einem nicht von hilfreichen Pädagogen angeboten werden. Hier liegt die Schwelle zum Erwachsensein, die zu überschreiten jeder Mensch von Geburt an üben kann (und die »echte« Erwachsene oft selbst nie überschritten haben): Verantwortung dafür zu übernehmen, dass jene Träume wirklich werden, welche den tiefsten Gewissheiten folgen, wer man eigentlich ist.

Was den Unterschlupf in der Wildnis angeht, so lässt sich dem Bedürfnis der Kinder mit einer empirischen Befundlage zu Hilfe kommen, die keinen Zweifel übrig lässt. Die Hürde besteht darin, diesem zur ungestörten körperlichen und seelischen Entwicklung unabdingbaren Bedürfnis wieder seinen Raum zu geben. Denn die Welt wird nach wie vor enger. In der kindlichen Perspektive ausgedrückt: Sie wird unab-

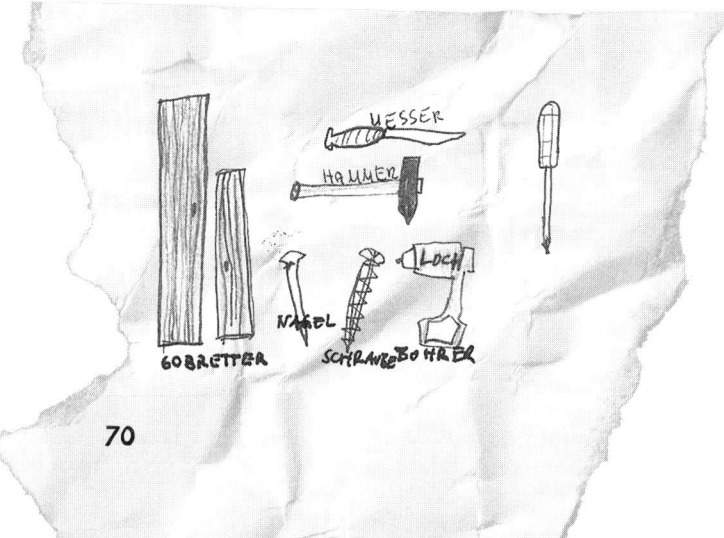

lässig langweiliger. Eigenheime, Shoppingstraßen und Parkplätze sickern in die letzten Dehnungsfugen der Städte. Sorgfältig beschnittene, gedüngte, mit Pflanzen- und Insektenschutzmitteln berieselte Gärten, in denen zwar Sandkästen und Schaukeln platziert sind, sonst aber Spielverbot herrscht, machen die Vororte zu einer Quarantänezone. Maschinengerecht planierte Äcker, aus denen Gebüsche, Knicks, feuchte Senken und Aussichtsbäume rasiert wurden, sterilisieren die Landschaft. Über die letzten Verstecke der Feldraine geht im Frühsommer fast täglich eine Giftdusche nieder. Die Attraktivität der Agrarghettos, in denen wir das erzeugen, was uns ernährt, ist nicht größer als die des allabendlich verwaisten, endlos leeren Parkplatzes eines vorstädtischen Giga-Marktes.

Es ist kein Zufall, dass diese Agrarsteppe mittlerweile weniger Arten aufweist als mancherorts der Innenstadtbereich der Metropolen. Es ist auch kein Wunder, dass der Schwund der Singvögel – im Schnitt hat sich die Artenzahl in vielen Gegenden in den letzten Dekaden halbiert[8] – Hand in Hand geht mit dem Verschwinden der Kinder aus der Landschaft.

Wendell Berry, ein amerikanischer Ökophilosoph, nannte diesen Prozess die »Ausrottung der Erfahrung«. Die Erfahrung, welche auf diese Weise erlischt, ist die Innererfahrung dessen, was heißt, Mensch zu sein und seine Menschlichkeit zu entwickeln. Wenn diese verschollen ist, werden wir ein Stück unserer selbst verloren haben. Das ist es, was die kindliche Erfahrungsarmut so dramatisch macht: In ihr schöpfen wir immer weniger die Tiefe dessen aus, wie es sich anfühlt, als ein beseeltes Wesen auf dieser belebten Welt zu existieren. Wir verzichten auf unsere Lebendigkeit.

Übrigens besteht in meinen Augen ein Zusammenhang zwischen der »Einhegung« der letzten natürlichen Gemeingüter dieser Erde – dem Verbrauch der großen tropischen und gemäßigten Wälder durch Firmen, dem Verkauf des Kongo-Becken-Regenwaldes an asiatische

---

8 Andreas Weber, »Schöne neue Wildnis«. GEO 9 (2007)

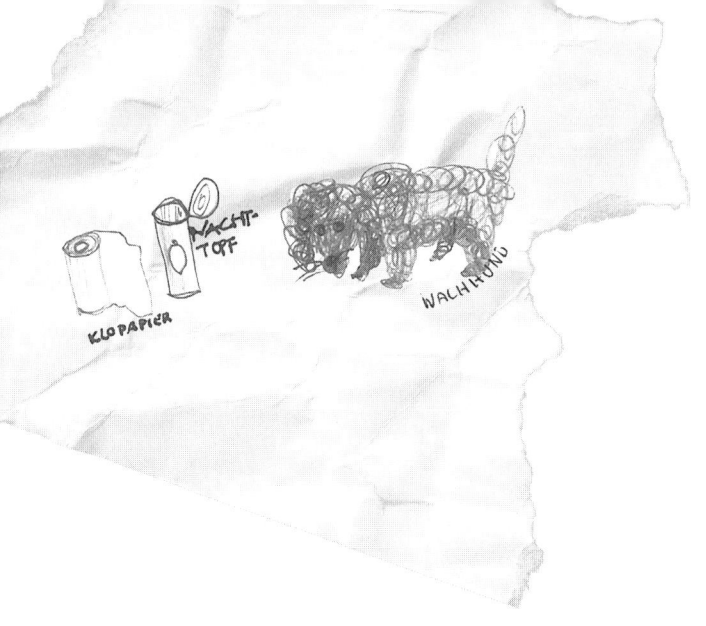

Investoren, der Leerfischung der Meere – und der Verdrängung der Kinder aus den öffentlichen Räumen. Wie einst die Bauern, die ihr Vieh in den Allmendewald zur Mast trieben, von den Grundherren herausgescheucht wurden, drängen wir die Kids mit rationalen Gründen in überdachte Ghettos, wo vorgeblich gespielt, in Wirklichkeit aber die Zeit totgeschlagen wird. Spielen erscheint unserer Effizienzwelt als zutiefst unnütz, ja als Paradigma der Zeitvergeudung. Vielleicht liegt hier ein Grund für unser unbewusstes Unbehagen an der kindlichen Freiheit: Sie erscheint einfach nicht marktgerecht.
Der Markt – und entsprechend die obsessive Vorbereitung der Kleinen auf den Arbeitsplatzkampf des Jahres 2025 – ist das Gegenteil des Vertrauens. Des Vertrauens darauf, dass dieses Leben trägt; dass unserem Körper, unserem Geist, unseren Sinnen alles gegeben ist, dessen wir bedürfen. Der Glaube an die eigene Lebendigkeit, die eigene Lebensfähigkeit und -kraft schwindet, wenn wir uns nicht mehr in der Natur aufhalten. Wenn wir nicht mehr ohne Hilfsmittel für uns sorgen. Wenn wir uns nicht mehr die Freiheit gönnen, uns ganz allein, aus uns selbst heraus, nur mit der Kraft unserer Hände und unserer Phantasie, zu entfalten. Was aus dem Verzicht auf Selbstbestimmung resultiert, ist ein gestörtes Selbstbild. Es krankt an der Angst, nicht ohne fremde Hilfe klarzukommen. Seiner eigenen Kraft nicht vertrauen zu können.

Keine Entscheidungen aus einem Gefühl für die eigene Intuition und die eigenen Bedürfnisse treffen zu können.
Derart sind die Desaster, die drohen, wenn wir uns von der Freiheit jener Wesen abwenden, die ganz allein aus sich selbst heraus ihr Leben erhalten. Von der stolzen Bescheidenheit, bereits in Gänze ganz zu sein, keiner Ressource mehr zu bedürfen als jener Kraft, die ohnehin von allein durch die Adern pulst. Dieses Echo der lebensstrotzenden Welt ist das ultimative »Du bist richtig! Du bist gewollt, so wie du bist!«.
Um die Lebendigkeit unserer Kinder – die nichts anderes ist als ihr Lebensrecht – einzufordern, führt kein Weg daran vorbei, das bestehende Arrangement zu stören. Die mit dem eigenen Unterschlupf verbundene Idee der Freiheit, der Eigenverantwortlichkeit, der Selbstwirksamkeit steht in einem unauflösbaren Widerspruch zur immer weiter gesäuberten Wirklichkeit. Und auch Wildnis-Enklaven können diese Entwicklung nicht aufbrechen, denn sie verfehlen den Punkt, dass es nicht um die Ressource »ungestörte Natur« geht, die man den Kindern punktuell einträufeln kann, sondern um ein eigenverantwortliches Verhältnis zur Welt, das den Bedürfnissen schöpferischer Entfaltung folgt. Die Situation wird sich erst dann bessern, wenn wir zu einer neuen Wildnisgesetzgebung kommen, in der kindliche Bauten mitten in der Natur, wie Nester seltener Vogelarten, unter Schutz stehen.
Es hilft also nichts: Wir müssen unsere Kinder ermutigen, gerade dort ihre Unterschlupfe hinzubauen, wo sie es nicht sollen. Wir müssen ihnen vorangehen und ihnen das Recht zurückerobern, so wahrgenommen zu werden, wie sie sind. Wir müssen den öffentlichen Raum für das kindliche Spielen zurückgewinnen. Ermutigen wir also unsere Kinder, schon im nächstbesten Park (»Betreten der Rasenflächen verboten«) mit ihren ephemeren Konstruktionen zu beginnen. Gründen wir eine Elterninitiative. Nehmen wir Kontakt zum Grünflächenamt auf. Verbünden wir uns mit einigen lebensfreundlichen Lehrern. Aber vor allem: Lassen wir unsere Kleinen schon einmal vorarbeiten.
Vielleicht geht es auch darum, den Kindern den Geschmack dafür wiederzugeben, dass ihr Leben *selbstverständlich* im Widerspruch zu dem der Großen steht. Dass es normal ist, dass sie Dinge, die im Einklang

mit ihren natürlichen Bedürfnissen sind, *trotzdem* tun, ohne schlechtes Gewissen, in der Ahnung, dass sie Kinder sind und so handeln müssen und dass es die fundamentale Erfahrung eines erstarkenden Selbst ist, solches ohne Erlaubnis und gegen Verbote zu tun.

Es ist eine schwierige Gratwanderung, so zu argumentieren, denn man könnte schnell kontern: Die Regeln der Erwachsenen haben ihren Sinn, Jugendschutzgesetze sowieso, und gibt es nicht schon genug minderjährige Gesetzesübertreter? Aber die jugendliche Straffälligkeit, die wir sehen, ist vermutlich zum großen Teil Folge der seelischen Unfreiheit, ist die Verzweiflung an der Enge der konsumistischen Zivilisation, sowohl räumlich als auch psychisch. Es ist nicht nur eine pädagogische, sondern auch eine politische Handlung, den Kindern den Weg zu ihren Menschenbedürfnissen zu öffnen. Die Wiederaneignung der Lebendigkeit ist ein demokratischer Akt.

Es reicht eben nicht, im eigenen gepflegten Garten, wenn man denn so einen besitzt, wohlmeinend ein Kletterhaus aus dem Baumarkt zu errichten (oder eines, das Papa gar selbst technisch versiert geplant und realisiert hat). Darunter gähnt dann der fingernagelkurze Saftrasen. Kinder werden solche Bauten genauso selten und mit genauso wenig Gewinn nutzen wie ein staatliches Klettergerüst auf einem Stadtspielplatz: Als Sitzstange, aber nicht als Ankerpunkt von immer weiteren konzentrischen Kreisen, aus denen sich die eigene Seele entfaltet.

Darum hilft es nichts: Die Kinder müssen wieder ausschwärmen und sich ihre Plätze zurückerobern. Natürlich kann ich hier keinen Aufruf zur Parkpiraterie aussprechen, aber mit einem bisschen süditalienischen Taktieren, viel taktvoller Kommunikation – oder aber, indem sowohl Eltern als auch Aufseher beide Augen zudrücken – ließe sich die Rückkehr der Kinder in die Naturräume sowohl des Landes als auch der Städte einfädeln. (Wie das Ganze als ein Performance-Event mit weitreichender Leuchtturmwirkung aussehen könnte, beschreibe ich im Kapitel »Straßen für Kinderscharen«.)

In meinen Augen ist die Rückeroberung der Freiräume durch die Kinder einer jener systemischen Knotenpunkte, von denen weiter oben

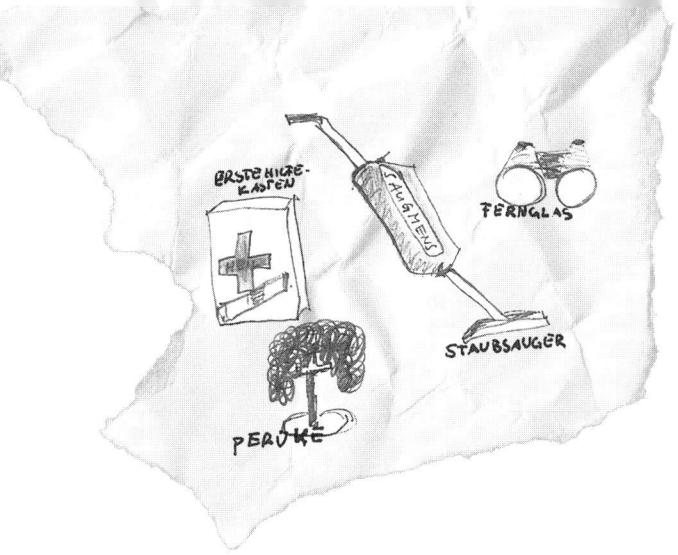

die Rede war. Es kann nur in diese Richtung, »bottom-up«, von unten nach oben funktionieren: Wir Erwachsenen mögen unseren Kindern noch so viele nette Erfahrungsmöglichkeiten anbieten, solange wir systematisch verhindern, dass es *ihre eigenen* Erfahrungen sind, wird sich nichts ändern.

Es ist denkbar, dass sich sämtliche großen Nachhaltigkeitsprobleme lösten, könnten wir die Welt so verändern, dass in ihr stets und überall Kinderspiel willkommen und gefördert wäre. Auch wir selbst würden daran gesunden. Die Welt in einen Spielplatz zu verwandeln – nicht in einen TÜV-Süd-zertifizierten Geräteplatz, sondern in einen Raum, der das Spielerische ermöglicht, fördert, zum Spielerisch-Sein inspiriert –, hieße, ihr die Lebendigkeit zurückzugeben. Und eine Welt, die ihre Lebendigkeit wieder erhalten hat, ist stets eine nachhaltige Welt.

Das Baumhaus markiert die Achse der kindlichen Wildnis. Von hier aus ziehen all jene Aktivitäten ihre Kreise, die man als »artgerecht« beschreiben könnte: jenes so oft in eine Fantasiegeschichte eingesponnene eifrige Erobern der näheren und dann auch ferneren Umgebung, bei dem die Kinder *spielen*, Erwachsene zu sein, aber es noch nicht sein *müssen*. Ein Baumhaus ist der Nabel existentiell notwendiger Erfahrungen.

Als Erwachsener lohnt es sich hinzuschauen, worin diese Erfahrungen eigentlich bestehen. Was machen die Kids, wenn man sie mit nichts als anderen Lebewesen, Raum, Zeit, Möglichkeiten allein lässt? Wenn kein Lehrer sie drängt, ein didaktisches Ziel zu erreichen, wenn kein Elternteil dauernd darauf starrt, dass sie auch in dieser Sekunde noch gesund sind, sich nicht schmutzig gemacht und sich nichts gebrochen haben, darüber hinaus genug gegessen und getrunken haben.

1. Kinder **jagen oder sammeln** etwas

Sie lesen Kastanien, Eicheln oder kleine Steinchen auf, etwa weil sie damit in ihrer Spielküche ein Essen zubereiten wollen. Als Vorspeise kommen Löwenzahn-Fallschirme auf den Tisch, körnige Blütenstände der kanadischen Goldrute, Schneeball-Knallerbsen gibt es als Nachtisch, gemischt mit Pfaffenhütchen-Beeren, angerichtet auf großen und kleinen Blättern, Rindenstücken, Steinen, Hölzern – oder in einem schmierigen Plastiknapf, der eben unter der Hecke lag. In einer spakigen Pepsiflasche gemischte Limonade, mit Rosenblattspitzen und Sand. Sie sortieren Feuerkäfer (die eigentlich Wanzen sind) nach Größe, lassen Schnirkelschnecken gegeneinander antreten, packen große Heupferde am pulsierenden Hinterleib und ziehen sie aus dem Brombeergestrüpp oder lesen Grashüpfer auf (möglicherweise, um sie beim Brustschwimmen in einem Zuber zu beobachten oder den Hühnern des Kleingärtners hinzuhalten). Einst, in jener kurz zurückliegenden und doch längst versunkenen Zeit der Kindheit, kletterten die Kleinen auch einen Baum hinauf, um in ein Nest zu sehen, weil sie davon träumten, eine junge Elster zu stehlen

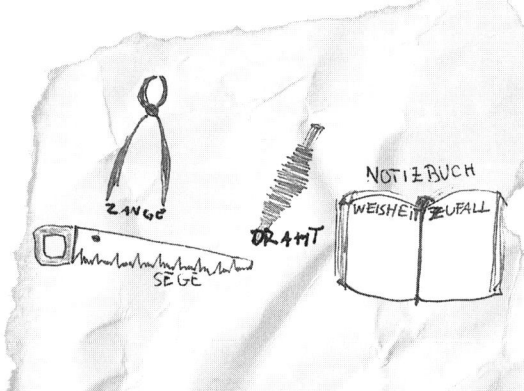

und handzahm und gefügig heranzuziehen. Sie werfen einander Spinnen in den T-Shirt-Ausschnitt und rennen kreischend davon, sie reiben den anderen die getrockneten Fasern der Platanen-Fruchthülle in den Nacken und zwingen sie mit diesem perfidesten aller Juckpulver dazu, sich stundenlang quälend zu schaben. Kinder sind auch hier schon ganz das, was Menschen der Welt gegenüber zeigen: Fasziniert durch das schiere Dasein der Dinge, die leuchtend und neu am Horizont des Bewusstseins auftauchen, beglückt über Fülle, die es zu entdecken gilt – und zugleich Übersetzer dieser Fülle in ein episches Spiel, in ein Drama mit vertauschten Rollen, in dem nichts an seinem Platz bleibt und alles eine neue Form annehmen kann, in dem alles die Rollen tauscht und die Schöpfung, das Geschöpfte, Geschaffene, der Reichtum der Dinge der Welt beständig zum Material einer neuen Schöpfung wird. Mit den Sachen, die niemandem gehören, erschaffen, das heißt: Freiheit erfahren.

2. Kinder **benutzen oder zerstören** etwas

Kinder sind Handwesen; ihre Hände sind stets in Bewegung und greifen nach der Welt, lange bevor der Kopf über diese nachdenkt. Wenn man Kinder, auch solche, die an Asphaltschluchten und elektronischen Surround gewöhnt sind, in einem Stück nicht designter Welt aussetzt, beginnen sie, Stücke von ihr abzupflücken, zu zerreiben, gegeneinander zu schlagen. Das Menschenwerk der Destruktion beginnt – oder sagen wir: Unser unbewusster Genius sinnt, solange wir am Leben sind, stets danach, etwas zu verändern, Einwirkung zu nehmen, in die Gefüge des Geschaffenen und sich Schaffenden einzugreifen. All das ist aber nicht nur autistische Wiederholung, sondern immer eine Kommunikation mit den Dingen, die etwas bewirkt. Kinder werfen mit Erdklumpen, die vor den Füßen ihrer Altersgenossen zerplatzen, sie peitschen mit Stöcken aufgebracht Schösslinge nieder, sie rupfen Gras vom Boden, bis dieser kahl ist und sich die kleinen Insekten des Rasen-Unterholzes in heller Panik in Sicherheit zu bringen versuchen, sie kap-

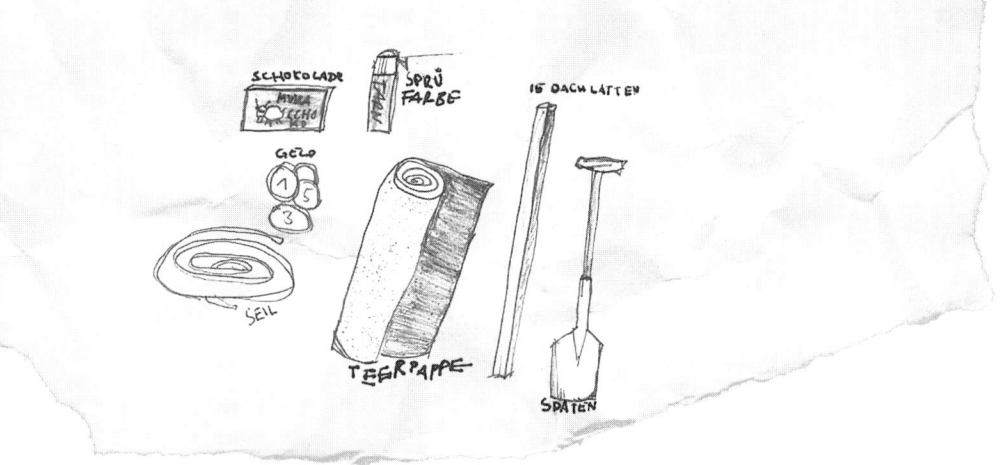

pen Distelköpfe mit dem Fahrtenmesser in mörderischer Serientat. Sie schlagen entnervt über so viel Draußenseinmüssen und gequält von derartigem Bildschirmentzug mit einem am Wegrand gefundenen Knüppel die niedrigen Triebe des jungen Ahorns ab. Sie springen in die frische Eiskruste über den Pfützen des ersten Dezembers, sie schleudern schwere Blöcke ins Wasser des Baches, sie werfen mit Schotter auf weggeworfene Flaschen, die am Bahndamm liegengeblieben sind, oder feuern sie gleich in die Fensterscheiben des verwaisten Stellwerkes. Sie finden ein Fort im Wald, das anderen gehört, und machen es dem Erdboden gleich. Mit ihrer ersten Bewegung, mit der unbewussten Gier ihrer Hände beweisen sich die jungen Menschen als Mitglieder jener Art, die sich nicht immer nur das Nötige nimmt, sondern die angetreten ist, die Erde zu verändern und ihren Kern ans Licht zu zerren, für höchste Weihen und zum Verderben aller. Es steckt in unseren rastlosen Fingern. Die Natur benutzen heißt: Unsere Kraft zur Veränderung und Kreativität erfahren.

3. Kinder verbünden sich **mit- und gegeneinander**

Lässt man Kinder auf die Welt los, so bleiben sie nicht allein. Kinderscharen gerinnen sofort, wenn sie mit der Landschaft in Kontakt kommen. Grüppchen bilden sich, Kerne, Zentren, Gemeinschaften der Anziehung und der Abstoßung. Die gewachsene, in Freiheit gewordene

Welt provoziert eine arttypische Reaktion der jungen Menschen als soziale Spezies. Draußensein, und zwar das ungeplante, spontane, ziellose, ja in den ersten Momenten oft langweilige Draußensein, führt sofort zu einer sozialen Reaktion. Wir antworten auf die Möglichkeiten der weiten Welt, auf ihre vielfältigen Einladungen, aber auch auf die Herausforderungen und Gefahren, mit der Kristallisation in Gruppen und Grüppchen. Das Draußensein ist damit auch die erste Erfahrung einer neu gewählten Gemeinschaft, außerhalb des Elternhauses mit seinen festen Rollen und Abhängigkeiten, der erste Schritt in die unbekannte neue Welt des eigenen Erwachsenseins. Auch hier gibt es einen Aspekt rauschhafter Freiheit: Es ist der Moment, im Abendsonnenlicht, befreit von den Regeln, zu einer bestimmten Zeit zum Abendbrot zu Hause sein zu müssen, selbst in seinen Beziehungen schalten und walten zu können. Und zugleich ergibt sich in dieser sozialen Kristallisation auch eine Erfahrung sozialer Zwänge. Eine reine Kindergruppe kann ja bekanntlich untereinander viel unerbittlicher sein als ein strenger Lehrer, der eine Schulklasse unterjocht. Das haben wir alle selbst als Kinder im Spiel erfahren, diese im Roman *Herr der Fliegen* zu einem tragischen Epos ausgestaltete Konstellation. Sobald man Kinder auf weiter Flur mit sich allein lässt, beginnt ihre Arbeit mit den Geschenken und Lasten ihrer sozialen Existenz. Sie beginnen, Bindungen aus eigener Kraft zu entfalten.

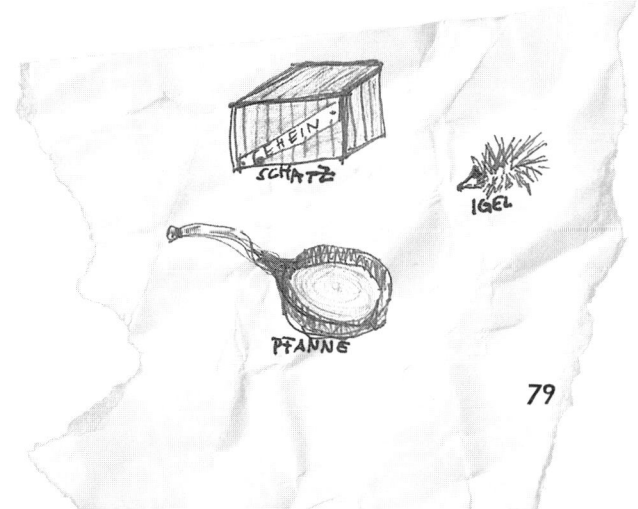

4. Kinder bauen sich ein Nest

Der schützende Raum ist ein Lebensbedürfnis des Menschen. Instinktiv setzen wir uns mit dem Rücken zu einem Baum, einer Wand, einem Felsen – nicht nur, um uns daran zu lehnen, sondern auch, um zu wissen, dass aus dieser Richtung nun nichts mehr kommen kann. Die Souveränität im Umgang mit dem Unbekannten gewinnt von hier ihre Kraft: Wir operieren von einer Basis aus, von einem Ort, an dem wir geborgen sind. Die Verbindungen gehen bis in die Zeit tiefster Abhängigkeit zurück: Einen Rückzugsort in der Natur zu suchen heißt, die Sehnsucht neu erfüllen, im Mutterschoß aufgehoben zu sein. Zugleich aber ist alles ganz anders: Wer sich sein eigenes Heim erbaut, zeigt seine Kraft und Selbstständigkeit, mit der er nicht nur Sachen, sondern auch sich selbst erschaffen kann. Wenn sich Kinder einen Rückzugsort in der Natur einrichten, vollziehen sie einen Akt der Schöpfung und der Selbsterschaffung zugleich (eine Parallelität, die vielleicht jedem kreativen Akt innewohnt). Jedes Kind, das sich eine Weile in der Natur aufhält, findet diesen besonderen Ort, an dem es von der Welt mit leuchtenden Augen angeblickt wird. An dem eine besondere Harmonie herrscht, an dem die Ordnung von Zweigen, Gräsern, Steinen, Tau und Wasser eine großzügige Zukunft verheißt. Geht man mit Kindern an ihre Spielplätze im Brachland, so sind sie begierig danach, ihre kleinen Verstecke vorzuführen, die im Geiste bereits als fertige Wohnorte dastehen, als Dörfer und Städte, vollständig mit Eingangsteppich und Kleingarten. Vielleicht ließe sich eine Chronik unseres Draußenspielens auch als Geschichte der angefangenen Hausprojekte in der Wildnis schreiben. Die entstehenden und nie wirklich zu Ende geführten Bauten reichen von zusammengesuchten Moospolstern und Grasbüscheln bis zu Palisaden aus toten Ästen und Zweigen, über denen ein Dach aus Laub und Heu schwebt. Kinder, die in die Natur gehen, bauen sich aus ihr ein Heim.

Das Beste, was dir draußen passieren kann, ist dir selbst deinen eigenen Unterschlupf zu bauen. Also los. Daumen hoch. *Go!* Du brauchst:

> Ein paar Freunde. Mindestens einen.
> Den Ort. Da, wo du ihn bestimmst.
> Werkzeug. Gutes Werkzeug.
> Material. Äste. Zweige. Bretter. Steine. Seile. Nägel. Folie.
> Einen festen Willen. Flexibilität. Geschick. Ausdauer.

Der Rest kommt von selbst.

1. Den Ort suchen

Euer Baumhaus ist ein Abenteuer. Allein schon deshalb, weil keiner will, dass ihr es baut. Klar, im Prinzip finden Erwachsene das toll. Darum haben sie euch ja auch das Buch hier gekauft. Aber wie das so ist mit der Begeisterung der Erwachsenen: Wenn es darum geht, dass sie dann auch wirklich was draus machen: Fehlanzeige. Baumhaus ja, aber nicht hier im Garten. Kinderspiel ja, aber nicht im Park, schon gar nicht so, dass es Spuren hinterlässt. Etwas selbst bauen, perfekt, aber nicht auf dem Schulhof, und schon gar nicht mit Säge und Nägeln, denn dann könnte etwas passieren.

Man möchte, dass ihr ganz tolle Kinder seid, aber wenn ihr etwas tun wollt, womit ihr euch *toll fühlt,* dann ist es verboten. Ein bisschen wie die Maus, die einen Wagen zieht, weil vor ihrer Nase ein Stück Käse baumelt, das an einer Stange befestigt ist. Mathe gut finden müssen, weil es sich für Lehrer und Eltern sonst nach Leistungsverweigerung anfühlt.

Hilft also nichts: Abenteuer. Selbst bestimmen. Darüber hinwegsetzen. Ihr habt die Chance, etwas zu machen, ohne die Erwachsenen um Erlaubnis zu fragen. Zumindest nicht alle. Aber pst!

Vielleicht haben eure Eltern ja einen Garten und sagen Ja. Nicht: »Ja, ok, du kannst dir das ja zum Geburtstag wünschen, ich habe im Bau-

markt eins gesehen, das baue ich dann zusammen mit dem handwerklich begabten Nachbarn von gegenüber auf!« Sondern: »Ok, macht mal, wir schauen weg. Sucht aus. Euer Ding. Wir wollten den Garten sowieso nicht mehr pflegen. Viel zu viel Stress.« Dann ist ein Anfang gefunden. Obwohl: Garten? Seid ihr da wirklich so geheim unterwegs? Oder unterliegt ihr eher der sanften Kontrolle? (Mami reißt das Küchenfenster auf, »Leg sofort diese riesige Säge weg, hat Papi dir die etwa erlaubt? Das war so nicht abgesprochen!«)
Ein Baumhaus baut man in der Wildnis. Dort, wo abends Keiler ihre Borsten an der Rinde schrubben. Wo euch Füchse Gute Nacht sagen, Mücken stechen und ihr Schiss kriegt, wenn plötzlich ein Gewitter aufkommt. Dort, wo man echt ins Wasser fallen kann, und dann nass ist. Wo euch keiner rettet außer ihr selbst. Dort, wo die Gang aus dem Block gegenüber in der Dämmerung patrouilliert. Wo der Landwirt argwöhnisch aus der klimatisierten Kabine seines Schleppers schaut, aber nichts mitkriegt, weil er zu laut Radio hört und die Scheiben von Gülle verspritzt sind. Dort, wo das Ordnungsamt Spähfahrten macht und jeder Parkbaum eine Nummer hat. Dort, wo ein Stück Erde von allen vergessen wurde, schräg am Bahndamm, hinter dem Friedhof, an der Rückseite des neuen Netto-Marktes, auf dem verwahrlosten Grundstück.
Ja, ich weiß, was jetzt kommt. Darum geht es ja. Deshalb schreibe ich dieses Buch. *Da ist es ja überall verboten, ein Baumhaus zu bauen.* Oder könnte jederzeit verboten werden. Könnte Stress geben. »Eltern haften für ihre Kinder.« (Dabei passiert das nie. Voll Müll. Hat hier irgendjemand einen Vater, den er ab und zu im Gefängnis besucht, weil

er seiner Tochter erlaubt hat, den Rohbau des Altersheims gegenüber zu betreten und da vielleicht eine Rolle Dachpappe zu klauen? In Wahrheit haften Kinder für ihre Eltern. Und zwar lebenslang. Für all das, was wir Eltern verbieten, weil wir selbst so viel Angst haben, für all die Lieblosigkeiten, die wir begehen, weil wir selbst so eine Sehnsucht nach Liebe haben.)
Warum schreiben eigentlich die Städte und Dörfer nicht unten auf ihre gelben Schilder »Baumhaus bauen verboten« gleich mit drauf? Oder »Kinder unerwünscht«. Und da diskutieren die Politiker ewig über die Frage, warum hier keine Kinder mehr geboren werden. Und infolgedessen die Zukunft des Standorts Deutschland eventuell ungewiss ist. In Wahrheit könnt ihr, wenn ihr mutig seid und macht, was eure Herzen euch raten, die Zukunft des Standorts Deutschland sein. Das wissen nur die Erwachsenen nicht. Das zu verstehen weigern sie sich hartnäckig. Ihr habt also nicht nur Lust, aktiv zu werden. Ihr habt gleich wieder einen Auftrag! Schwupps, so ist das, wenn sich Erwachsene einmischen. Dann kriegt alles einen höheren Zweck. Ihr seid die Krieger der Zukunft und baut euch jetzt euren Raum in der Wildnis.
Darum noch mal: In einem Garten ist es ok. Besser woanders. In einer Ecke, die Erwachsene nicht sehen. Die müsst ihr auspähen. Im Sommer ist das einfacher, weil da die Blätter viel verdecken. Im Winter steht eure Bude plötzlich nackt da. Also: ein paar Schichten Wildwuchs davor sind gut. Nicht direkt an einem Garten (Nachbarn fühlen sich gestört und petzen bei der Behörde). In der Mitte eines Stückchens Brachland. Dort, wo kaum einer hingeht. Seid geschickt wie die Stadtfüchse, deren Bestände immer mehr zunehmen, obwohl Füchse ei-

gentlich scheue Bewohner der freien Landschaft waren. Sie haben den gleichen Vorteil wie ihr auch: Irgendwie rühren sie einen. Man mag sie nicht wirklich vertreiben.

2. **Baumhaus**-Architektur

Wenn ich hier von »Baumhaus« rede, dann meine ich jeden Unterschlupf, den ihr euch draußen selbst bauen könnt. Ein Baumhaus kann alles sein: Erdfort, Kraterfestung, Hochsitz oben im Baum, Schanze im Boden, Raumstation, Waldbude, Strohballenhaus, Eis-Iglu, zweckentfremdeter Gartenschuppen, umgebauter Schrank, Zelt im Garten. Was euer privater Raum wird, hängt ganz von euch ab. Davon, was an Baumaterial verfügbar ist. Oder was ihr besorgen könnt. Es ist eure Entscheidung, ganz allein. Also lasst euch nicht reinreden!

Das Boden-Fort
Das ist die einfachste Variante, und man kann es im totalen Materialmix aufbauen. Ihr braucht drei oder vier Stämme, die man mit Querlatten verbinden kann, eine unten, eine oben. Daran die Bretter. Ein Dach drauf, am besten etwas schräg, damit das Regenwasser ablaufen kann, fertig.

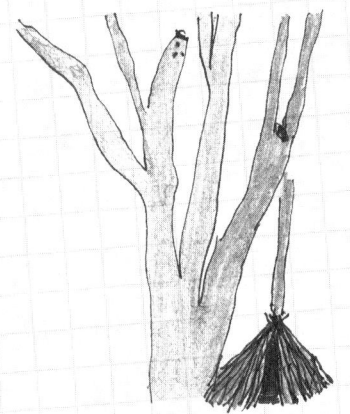
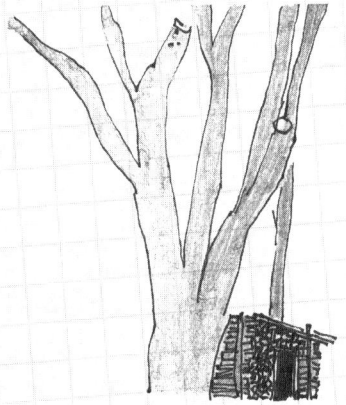

Das echte Baumhaus

Sucht euch einen Baum, in dem man gut klettern kann. Der trägt auch eine Hütte! Ihr braucht eine starke Astgabel oder zwei oder drei ausladende Äste. Dort befestigt ihr die Fundament-Balken (mindestens 80 x 80 mm, mit Seilen anbinden, am Holz festnageln oder -schrauben, mit Schraubzwingen anklemmen, die Papa im Keller hat). Notfalls kann man die Querträger mit Stelzen am Boden abstützen. Darüber könnt ihr den Boden aus Brettern schrauben. Pfosten an den vier Ecken, die oben irgendwie an Ästen des Baumes befestigt sein müssen. Die Zwischenräume füllt ihr mit Brettern, Spanplatten, Billy-Regalböden, Pappe ... was auch immer ihr finden könnt. Eine besondere Variante ist die Hütte zwischen den Trieben einer Kopfweide: Dort oben hat sich durch jahrelangen Beschnitt schon eine natürliche Plattform gebildet, die man nur (mit Flechtwerk aus Weidenzweigen) verschließen muss. Fertig ist das Nest, vom flirrenden Grün geschützt, in dem man im Sommer leben kann wie ein Vogel.

Die Erd-Schanze

Sucht im Wald einen Bombentrichter oder sonst eine Vertiefung, vielleicht auch ein Stück Graben. Jetzt fehlen nur noch auf zwei Seiten Wände und ein Dach. Dafür könnt ihr überkreuzte Äste oder selbst geschnittene Triebe so hinlegen, dass sie sich in der Mitte überkreu-

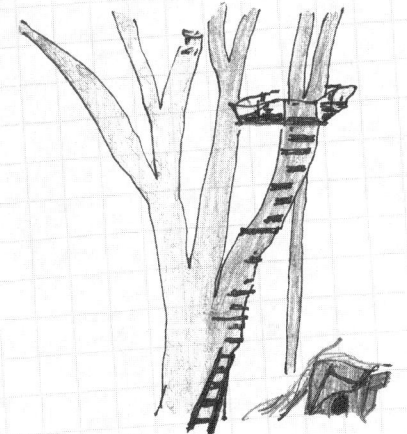
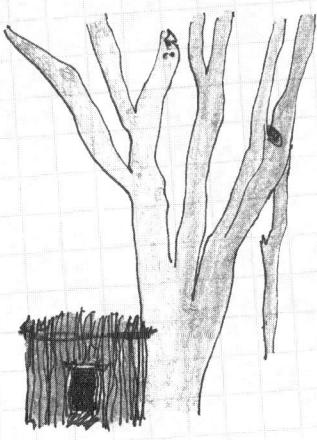

zen. Laub drauf (richtig viel in mehreren Schichten), Moos, Grassoden (nicht zu viel Gewicht, sonst stürzt es ein), und fertig ist das perfekte Versteck.

Das Tipi

Dafür braucht ihr einige schlanke, hohe Triebe von Hasel, Erle, Esche oder Weide. Am besten ein paar vorher auf dem Boden zusammenknoten und dann aufstellen – eventuell mithilfe eines Seils, das ihr über einen Ast geworfen habt und als Kran benutzen könnt. Mit dünneren Ästen verstärkt ihr nun rundherum die Seitenwände. Wenn die Äste Laub tragen, wird daraus nach und nach eine dicke Hülle, die auch Regen abhält.

3. Woher nehmen wir das **Baumaterial**?

Eigentlich sind Seil, Nägel und Schrauben alles, was ihr braucht. Der Rest findet sich. Hammer, guter Akkuschrauber, Säge und ein gutes Messer (siehe oben) reichen als Werkzeuge. Damit kann man fast alles machen. Hätte man jetzt noch ein Gewehr und eine Angel, würde es sich auch in der Wildnis überleben lassen (der Akku vom Schrauber wäre natürlich übermorgen leer, also noch einen Schraubenzieher mitnehmen).

Schrauben sind besser als Nägel, weil sie beim Befestigen nicht die ganze Konstruktion erschüttern und weil sie viel stärker halten. Und sich leiser reindrehen lassen (sodass der böse Nachbar nichts ahnt). Und moderne Schnellbauschrauben schneiden sich ihr Gewindeloch ratzfatz selbst. Butterzart. Mit einem guten Schrauber macht das echt Spaß. Allein darum sollte man schon ein paar Quadratmeter Bretter im Wald an einen Stamm dübeln. Baumaterial kann alles sein – ihr habt es beim Vorstellen der Baumhaustypen ja schon gemerkt.

Draußen große, ein paar Meter lange Triebe von Haselnuss, Esche oder Erle als Pfosten und Dachbalken, darüber dünnere Zweige. Darüber Äste mit Laub oder noch besser Nadeln, schuppenartig gelegt, sodass möglichst viel Regenwasser abläuft. Oder eine halbmeterdicke Streuschicht aus Laub, zwischendrin immer wieder mit querliegendem Reisig beschwert: Unter der ist es so trocken wie auf dem Waldboden, wo die Mulchschicht beginnt. Aber ein schönes, großes Stück massive Plastikfolie aus dem Baumarkt (zum Beispiel Persenning, mit der Segelboote abgedeckt werden) bringt es auch – und ist einfacher zu befestigen (einfach an den vorgesehenen Ösen anschrauben).

Solider wird es natürlich mit Brettern. Mit denen könnt ihr ein richtiges kleines Häuschen bauen. Aber Holz ist teuer. Wenn euch niemand mit einer Fahrt ins nächste Bauhaus sponsert, könnt ihr versuchen, Reste zu schnorren – und die gibt es überall und in gewaltiger Masse. Abfallholz. Einzelne Planken. Alte Türen. Sperrholzplatten von Schrankwän-

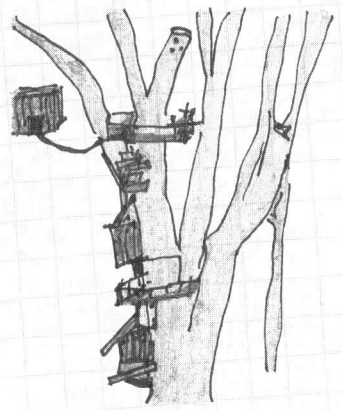
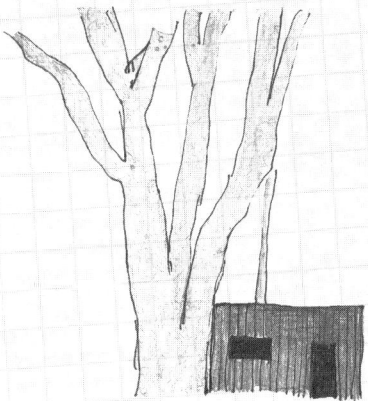

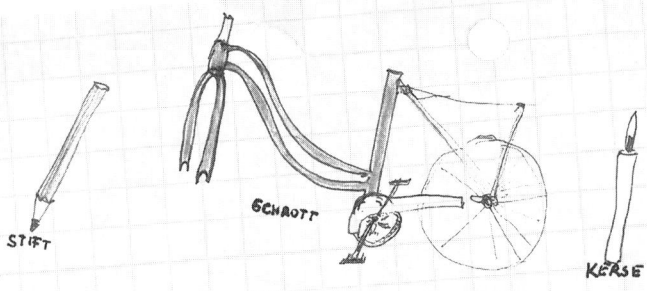

den. Das alte Kinderbett. Reste vom ausgebauten Dach. Garantiert liegt bei euch allen was im Keller. Je mehr ihr seid, desto höher die Chancen. Vielleicht hat der Schulhausmeister was übrig wie bei Max? Der Hauswart? Die Witwe von nebenan? Oder das Personal vom örtlichen Recyclinghof erbarmt sich und fischt ein paar Quadratmeter Holz aus der Presse? Wer hinschaut und mit dem Rad durch die Straßen fährt, findet noch einiges, was Leute einfach an die Straße stellen. Oder was in aufgegebenen Kleingärten und den vor sich hin rottenden Hütten noch rumsteht.

Ich habe früher die Basics auf einer Baustelle geklaut, inklusive Dachpappe, die wunderbar funktioniert hat. Ich dachte, das ist ja wie im Supermarkt, nur kostenlos. Bin einfach immer so hin und her geradelt. Natürlich haben es meine Eltern gemerkt, und ich musste alles wieder zurückbringen. Und die Dachpappe von meinem Taschengeld neu kaufen, weil sie total durchgenagelt war.

4. Draußen schlafen

Wenn euer Haus noch lange nicht fertig ist, aber zumindest vier Eckpfosten hat und so etwas Ähnliches wie ein Dach, wollt ihr darin übernachten. Versprochen. Es fängt mit einem Picknick an und weitet sich zu sehr konkreten Schlafplänen aus. Und jetzt wird es noch einmal hart. Denn warum solltet ihr nicht da drin übernachten?

Ich kenne ziemlich wenige Eltern, die ihren Kindern erlauben würden, einfach so draußen zu schlafen, auch noch in einer Hütte im Slum-Style, und dann extra versteckt. Da gehen alle Elternalarmlampen an.

Denn sie haben immer eine wahnsinnige Angst, dass ihre Kinder verloren gehen könnten. Kinder schätzen das etwas realistischer ein; sie wissen, dass etwas gefährlich sein kann, aber auch, wenn diese Gefahr extrem unwahrscheinlich ist.
Ich müsste mir als Vater einen Ruck geben. So sind wir halt. Aber der Ruck ist möglich. Und was könnt ihr alles erleben ... Ein Wildschwein, das am Holz kratzt. Eine Eule rufen hören. Die Sterne Kreise über eure Köpfe ziehen sehen. Das Knacken in den Zweigen, ein Geist? Ein Obdachloser? Papi? Ein Tier? Angst haben. Angst aushalten. Mutig sein. Größer werden.
Wenn ihr euch auf eine Isomatte legt, in einem Schlafsack verpackt oder unter einem Haufen alter Decken, wenn eure Bude einen Holzboden hat oder von der Bodenfeuchte weit weg im Astwerk aufgehängt ist, könnt ihr das gut machen, eigentlich schon, sobald der schlimmste Winter vorbei ist. Es geht nur darum, ob ihr es wirklich machen *wollt*.

5. Krieg, **Kampf** und **Kooperation**

Gute Sachen stecken an. Yu-Gi-Oh!-Karten zum Beispiel, wisst ihr noch, dieser teure Müll, und eure Eltern haben euch immer ein neues Päckchen gekauft, weil ihr unbedingt wolltet. Die anderen hatten ja auch tausende davon. Baumhäuser sind mindestens so ansteckend wie einst Yu-Gi-Oh! Ansteckender eigentlich. Eine richtige Seuche. Deshalb tun die Großen ja auch alles dafür, dass dieser Virus sich nicht ausbreitet. Wenn er einmal Fuß gefasst hat, dann könnte es zu einer Epidemie kommen.
Denn mit wilden Kinderbanden, die sich nachmittags in Erdforts treffen, haben die Verwalter eurer Jugend, also Lehrer und Eltern und Amtspersonen, Probleme: Sie sind ihnen nicht gewaltfrei genug. Das normale Kind, so wie ihr auch eins seid, lernt schließlich in der Grundschule von etwas gestressten, aber total gewaltfreien Lehrerinnen, dass Streit, Jagd, Verfolgung und Kampf schreckliche Dinge sind, von

denen wir uns heute längst verabschiedet haben. Probleme werden im Sitzkreis diskutiert und gemeinschaftlich gelöst. Es wird nicht so viel gehandelt als geredet – und das können Mädchen viel besser als Jungs, weswegen die gerne stören und von Anfang an ein mieses Image haben. Die wollen nur Stress machen.

Wer dieses System erfunden hat, weiß eben nicht, wie gut es ist, für Jungs und Mädchen gleichermaßen, sich im Halbdunkel auf den Boden zu pressen und lauernd den Moment abzupassen, das gegnerische Camp zu überfallen. Weiß nicht, welches Verlangen die Adern durchströmt, mit hellwachen Sinnen durchs Unterholz zu robben, um ganz dicht an das Fort der anderen heranzukommen. Weiß auch nicht, wie sehr der Triumph belebt, deren Hütte in einem unbewachten Augenblick, vielleicht nach einer List, die sie ans andere Ende des Wohnviertels gelockt hat, einzunehmen. Habt ihr das schon einmal ausprobiert?

Das sind doch Kriegsspiele, sagen eure Eltern vielleicht, gut, dass man so etwas nicht mehr macht. Da verzieht ihr euch leise nach oben an den Rechner, fahrt ihn hoch und beginnt eine Runde *Black Ops II*.

Es ist so einfach: Wenn ihr draußen loslegt, und andere Kinder bekommen Wind davon, dann entsteht automatisch eine Baumhauswelt: hier ihr, dort die anderen. Die natürlich eine lächerliche Müll-Hütte zusammenkloppen. Die man nachts überfallen muss. Wenn sie euch nicht schon vorher die Dachplane geklaut haben. Aber irgendwann schließt ihr euch zusammen. Denn da sind die Großen, die auch ein Häuschen haben, aber um darin heimlich zu rauchen. Und die auf euch krass herabsehen, obwohl sie technisch und architektonisch viel weniger draufhaben. Also klebt ihr ihnen Kaugummi in das Vorhängeschloss ihrer Bude.

Anschleichen könnt ihr übrigens systematisch üben. Die erste Lektion: Schuhe aus. Es geht nur barfuß. Denn ihr müsst ja spüren, worauf ihr tretet, ob es ein Ästchen ist, das gleich knackt, oder ein wackliger Stein. Die Augen braucht ihr erstens, um zu beobachten, was vor euch passiert, und zweitens könnt ihr nicht ständig den Kopf nach oben und nach unten bewegen. So halbgebückt und barfuß ist schon einmal ganz gut. Den Rest legt man auf allen vieren zurück. Ganz langsam. Teilt euch in zwei Gruppen, die einen bewachen das Haus, dürfen aber nur in eine Richtung schauen. Die anderen schleichen sich an und stürmen irgendwann.

Das meint Max

»Ich habe in meinem Leben bisher drei Baumhäuser gebaut. Eigentlich vier, aber das vierte war eher ein Unterschlupf in einem unterirdischen Wassertunnel, der über ein kleines Bächlein gebaut ist. In so einer Nische in der Wand, die sich dahinter zu einer Höhle erweiterte. Hoch kam man nur mit einer Leiter. Davon haben bis heute nur ein paar Freunde etwas mitgekriegt, glaube ich. Da liegt noch alles so herum, wie ich es beim letzten Mal verlassen habe. Zwei der Baumhäuser sind irgendwie aufgeflogen. Das eine, weil das Ordnungsamt uns vertrieben hat. Das andere, weil am Ende ein Fernsehteam kam, um zu filmen, wie ein echtes Kind ein echtes Baumhaus baut. Sonst haben die keins mehr gefunden. Ich musste jede Bewegung so lange wiederholen, bis sie ihnen gefallen hat. Das hat mich echt genervt. Nur die Hütte in Italien am Fluss, die hat keinen interessiert. Da haben uns wirklich alle in Ruhe gelassen. Aber wir haben unser Versteck auch mit Graffiti im Tarnfarbenmuster angesprüht.
Also ich habe daraus gelernt: Such dir bloß einen Platz, an dem dich keiner sieht. Das ist das Wichtigste. Ein gutes Versteck. Sonst kann alles ganz schnell zu Ende sein. Die

vom Ordnungsamt haben damals alles abgesperrt. Wir durften nicht mal mehr rein, um die Hütte abzureißen. Das hat dann ein Vater alleine gemacht. Das war dumm. Der hat klein beigegeben und alles abgerissen. Seitdem habe ich noch weniger Bock auf Staat und Zwang. Kirche und Schule und so. Alles Vereine, bei denen man unfrei ist.
Ich kann nicht in der Natur rumsitzen, ich möchte was tun. Was bauen oder herumschleichen. Nach Tieren suchen. Aber das gehört alles zusammen. Unser Baumhaus in Italien hatte diesen Ausguck, eine Holzplattform, die über den Fluss ragte. Da habe ich Forellen beobachtet, eine große und drei kleine, in Blau- und Lilatönen. Sie standen ganz still in einer tiefen Stelle. Wir haben auch Fische gefangen, mit einer selbst gebauten Angel aus einer Schnur, und haben sie dann direkt am Ufer gebraten, auf heißen Steinen, die wir ins Feuer gelegt hatten. Das Feuerzeug hatte uns Claudia, die Mutter einer Freundin, geschenkt. Sie hat zwar gefragt: ›Weiß das auch dein Papa?‹ Aber ich habe sie angelogen. ›Ja, klar‹, habe ich gesagt. Das ist manchmal einfach nötig. Für ein Feuer sowieso. Ohne Feuer macht Baumhaus nur halb so viel Spaß. Aber das erlaubt einem erst recht keiner.«

Und das meint Emma

»Kürzlich hat meine beste Freundin vor unserem Baumhaus ein totes Reh gefunden. Es lag einfach so da, gestorben. Eins mit Hörnern. Das hat sie mir sofort mit WHATSAPP geschrieben. War ganz schön unheimlich. Wir haben überhaupt nicht gewusst, was wir damit machen sollten. Also sind wir zuerst lieber nicht mehr hingegangen. Als wir nachgeguckt haben, ein paar Tage später, war es weg. Vielleicht ist es gefressen worden? Oder dieser Nachbar hat es sich geholt und gebraten? Wir haben vor dem Baumhaus eine Feuerstelle und ein paar Gartenstühle. Die haben wir von Bauarbeitern geklaut. Auch ein paar Colaflaschen, die dabeistanden. Wenn wir da sind, kochen wir erst mal. Also wir kochen natürlich nicht immer echt. Und meistens nur kalte Sachen. Oder im Spiel mit den Sachen, die wir finden. Man kann zum Beispiel super Suppe aus Grassamen machen, die sind wie Gries. Oder Sternchennudeln.

Ich habe im Park bei Papas neuer Wohnung auch eine Stelle für ein Baumhaus gefunden. Ich weiß aber nicht, ob wir da vertrieben werden. Ist schließlich ein Park. Aber so schön gelegen! Extra-Treppen führen rauf, und oben ist ein freier Platz. Da war ich mit Luisa am letzten Samstag den ganzen Morgen. Es gibt einen See, über den alte Weiden hängen. Da kann man im Sommer bestimmt reinspringen und baden! Aber ob wir das dürfen? Schlittschuhlaufen ist schon verboten; ein Schild steht da.

Der Hund ist auf dem Eis rumgerutscht, auf allen vieren, ich habe mich nicht richtig getraut. Ich habe etwas vom Rand weggehackt und damit einen Kühlschrank gebaut. Das ist praktisch! Wir werden hier auch eine Hütte bauen. Ist aber noch nicht ganz klar, wo. Und mit welchem Material. Hier sind viele Menschen. Vielleicht hinter dem Bahndamm? Vielleicht bleibt es aber auch ein schöner Traum. Die Schule nebenan hat einen ganz kahlen Schulhof. Da kann man gar nichts machen. Darum ein hoher Zaun.«

Die Schule als Wildnis

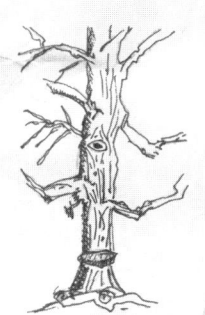

Nicht in der Schule,
sondern im Leben lernen wir

»Erlaube niemals einer Institution,
darüber zu bestimmen,
wie du handelst.«
MARSHALL ROSENBERG[9]

Vor ein paar Jahren habe ich mit meinen Kindern die Gymnasien besichtigt, die im Einzugsbereich unserer Wohnung liegen. Es waren »Tage der offenen Tür«, und Max musste sich entscheiden, wohin es weitergehen würde. Also schoben wir uns mit hunderten anderer Eltern durch Gänge, die nach Umkleidekabine, altem Pausenbrot und Angstschweiß rochen.

Die Kinder entschieden sich ziemlich schnell, welche Schule ihnen zusagte. Ich aber saß in der Aula und versuchte mich nicht von einer Woge der Hoffnungslosigkeit überrollen zu lassen. Letztlich, so konnte man hier aus jeder Pore des Linoleums riechen, ging es trotz der stolz vorgestellten Schulprofile – naturwissenschaftlich, mit Laborräumen,

---

[9] Marshall Rosenberg (2000): *The Basics of Nonviolent Communication*, San Francisco Workshop, online abrufbar unter: http://www.youtube.com/watch?v= XBGlF7-MPFI

die auf dem letzten Stand der Technik waren, oder humanistisch-musisch mit Bigband und großem Orchester – vor allem um eins: gut abzuschneiden. Sich bewerten zu lassen von früh bis spät und dabei zu punkten. Performance war gefragt, Messbarkeit, die Bereitschaft, zur Sache zu werden.

Das einschneidende Erlebnis kam zuletzt. Auf einem verwaisten Gang standen brusthohe filigrane Konstruktionen, aus Hölzchen und Folie geklebte Gerippe fantastischer Gebäude und interstellarer Stationen. Mein Sohn berührte die Strukturen vorsichtig mit den Fingerspitzen. Da ertönte hinter ihm eine schroffe Stimme: »Nicht anfassen! Das ist Kunst!«

Was aber soll man anfassen, wenn nicht Kunstwerke? Was soll man essen, wenn nicht Speisen? Was soll man küssen, wenn nicht Leiber? Kunst, meinte der amerikanische Schriftsteller Henry Miller hellsichtig, handelt von nichts außer dem Sinn des Lebens. Die Botschaft der Lehrerin, die uns auf dem leeren Gang erwischt hatte, war klar: »Das Leben hat keinen Sinn! Das Leben ist eine Autoritätsfrage und hat nichts mit deinen Wünschen und deinen Kräften zu tun, diese Wünsche zu erfüllen! Rühr nicht an die Frage nach dem Sinn deines Lebens! Folge nicht deinem Gefühl! Folge nicht deiner Intuition! Du bist nicht ok! Sei so, wie wir es wollen, nur dann kommst du voran!«

Wenn die Schule losgeht, beginnt der »Ernst des Lebens«. Die Schule ist – spielerische Lehrmethoden hin oder her – der Ort, an dem Menschen für eine Welt diszipliniert werden, in der Lebewesen keine Zwecke sind, sondern Mittel. Als Mittel aber sind sie nicht mehr lebendig. Und genau das ist die Lehre der Schule: Hier begreifen Kinder über viele qualvolle Jahre, dass in dieser Welt, in der alles und jeder andauernd bewertet wird, ein Mensch eigentlich nur dann existieren kann, wenn er tot ist. Lange haben wir nicht begriffen, dass die Schule auf diese Weise unser wirtschaftliches System vorbereitet, in dem ebenfalls nichts Geltung hat, was sich nicht als (Geld-)Wert ausdrücken lässt. In voller Konsequenz müssten wir daher jede Kritik am lebensfeindlichen Konzernkapitalismus mit einer Kritik der Schule beginnen. Alles, was nach Zweckmäßigkeit beurteilt wird, wird *verwertet* – und beschädigt. Auf diese Weise erzieht Schule die Kinder systematisch dazu, sich selbst zu verkennen. Was oft schon die Eltern begonnen, aber nicht vollständig zu Ende geführt haben, nämlich das Kind für ihre eigenen Bedürfnisse zu missbrauchen, setzt die Schule fort. Dem Kind wird nicht gestattet, seine persönliche und individuelle Lebendigkeit zu entfalten. Es muss auf sie verzichten, um die Ziele anderer zu erfüllen. Ich bin nur dann gut und gewollt, wenn ich möglichst leblos bin.
Das erste moderne Schulsystem wurde im 18. Jahrhundert in Preußen gegründet, um den Staat zu stärken und fähige Soldaten heranzubilden. Seiner Einführung lagen keine humanistischen Ideale zugrunde. Aber immer noch pflegen die meisten Schulen den systematischen Verdacht gegen die eigenen spielerischen Impulse und gegen das eigene Fühlen. Das heißt: Letztlich beginnt mit der Einschulung eine Kampagne der Gewalttätigkeit gegen uns selbst.
Diese Bemerkungen sollen nicht jene Lehrer entmutigen, die mit all ihrer seelischen Energie versuchen, in den Kindern Menschen zu sehen und ihre Menschlichkeit zu unterstützen, durch Humor, Toleranz und waches Interesse. Oft sind diese Lehrer die Engel unserer Kindheit, die Gestalten der Wärme und des Lichts, die durch ihr eigenes Handeln zeigen, dass die Welt, die sich oft düster und erbarmungslos darbietet, in ihrem Kern ganz anders beschaffen ist. Aber auch sie haben es

schwer in einem Gebilde, das strukturell nur eine Zweckauswahl treffen *kann* wie der Sortierrost einer Massenfabrik. Auch sie haben es schwer, eine Haltung des Gebens und der Heiterkeit in einer Atmosphäre der Gewalt zu bewahren.

Was aber wäre eine Schule des Lebens? Der amerikanische Psychologe Marshall Rosenberg hat sein Konzept der »Gewaltfreien Kommunikation« auf die Idee gegründet, dass alle Menschen eine Reihe arttypischer emotionaler Bedürfnisse haben. Für ihn resultieren die meisten Konflikte – mit anderen, aber auch mit uns selbst – daraus, dass wir diese Bedürfnisse nicht wahrnehmen. Statt unsere eigenen Bedürfnisse zuzulassen – und die der anderen zu hören –, spielen wir, so Rosenberg, andauernd das Spiel »Wer hat recht?« Es ist das Spiel der Schule, in dem immer nur einer zu gewinnen scheint: der vorne an der Tafel. Aber, so meint Rosenberg, wenn wir unsere Bedürfnisse nicht erfüllen, werden alle dafür zahlen, irgendwann, wir selbst und alle anderen Beteiligten.

»Wenn du im Spiel ›Wer hat recht?‹ verlierst, verdienst du Bestrafung. Lässt sich ein teuflischeres Konzept vorstellen, um Menschen zu erziehen?«, fragt Rosenberg. Für ihn gibt es daher nur eine Erklärung dafür, dass wir zwölf Jahre im Leben unserer Kinder auf das Training dieses Spiels verwenden: »Ein Grundzweck der Erziehung besteht darin, Gewalt genießbar zu machen.« So gesehen spiegeln die krassen Shooter- und blutigen Rollenspiele mit ihren Killstreaks, in denen Schulkinder an ihren Nachmittagen nach dem Unterricht versinken, jene Gewalttätigkeit, die am Morgen in der Schule verinnerlicht wurde. Nach dem Erlernen der Gewalt gegen sich selbst wird diese in der virtuellen Anwendung gegen andere ausgelebt.

Was aber sind die Bedürfnisse des Kindes? Und damit die Bedürfnisse eines jeden Menschen? In ihrem Zentrum steht die Sehnsucht, auf schöpferische Weise die eigene Lebendigkeit erfahren und entfalten zu dürfen, indem diese von den anderen wohlwollend gespiegelt wird. Anderen genau dieses Wohlwollen auch zu schenken: sie als lebendig anzuerkennen. Also: in der eigenen Individualität lebendig und lebendig mit anderen verbunden zu sein.

»Natürliches Geben« nennt Rosenberg das und meint, dass jeder Mensch mit einem solchen Grundbedürfnis auf die Welt komme – mit dem Bedürfnis, sich mit anderen so zu verbinden, dass dieses »natürliche Geben« möglich werden kann. Das, so Rosenberg, ist das Spiel, das wir miteinander spielen wollen. Er nennt es »das Leben füreinander wundervoller machen«. Aber dieses Spiel steht unter Generalverdacht. Es ist der gleiche Generalverdacht, welcher Kinder aus Grünanlagen verbannt und ihnen die Freiheit nimmt, über die wenigen Stunden am Nachmittag nach der Schule frei zu verfügen – unser Hang zu Misstrauen und Kontrolle, welcher Kindern die Lebendigkeit nimmt.

Rosenberg nennt seine Idee eine »Sprache des Lebens«. Leben heißt, existentielle Bedürfnisse zu haben: das Bedürfnis nach Unversehrtheit, Schutz, Nahrung, das Bedürfnis nach Liebe, Austausch, Gehört- und Gesehenwerden, Wachstum und Entfaltung. Schon die Zelle ist – genau wie wir – weniger mechanischer Prozess oder miniaturisierte Industrieanlage als Individuum, das sich in jedem Moment neu aus der aufgenommenen Nahrungsmaterie erschafft. Schon eine einzelne Zelle fühlt die Sehnsucht nach sich selbst. Leben ist Begehren nach Fortexistenz. Lebendigkeit heißt, bedürftig zu sein – und Bedürfnisse, so beobachtet Rosenberg, sind die Art und Weise, wie sich das Leben in uns zu Wort meldet.

Der größte Feind des freien, unbeschwerten Ausdrucks der eigenen Bedürfnisse besteht in unserer dauernden Bereitschaft, nicht Bedürfnisse zu äußern, sondern Urteile über andere zu sprechen. Nicht Bedürfnisse zu hören, sondern Urteile über uns selbst. Die Schule ist Ort der Verurteilung: Im Unterricht kann jedes Wort, jede Geste gegen uns verwendet werden; die Schüler befinden sich beständig auf dem Radarschirm. Das aber ist strukturelle Gewalt. Doch eine andere Schule, eine Schule, die Lebendigkeit bejaht und Entfaltung Raum gibt, wird erst möglich sein, wenn die Bedürfnisse über dem Bewertetwerden stehen.

Vielleicht ist das die einzige pädagogische »Technologie«: Dem Kind seine Lebendigkeit zu lassen. Sie zu bejahen. Sie in ihrem Kern als den wundervollen Ausdruck einer eigenständigen Individualität anzuerkennen. Lebendigkeit zulassen heißt, auf Macht zu verzichten. Es hieße, darauf zu vertrauen, dass wir ein ebenso reiches Entfaltungsprogramm in uns tragen wie die Linde, die zum Baum wird, wie der junge Wolf, die Hyphe des Fliegenpilzes. Es hieße nicht, dass Kultur etwas Überflüssiges wäre, aber dass ihr Ziel darin bestehen müsste, zwischen unserer Lebendigkeit und der anderer zu vermitteln, indem wir lernen, unsere Bedürfnisse auszudrücken und die anderer zu sehen. Es hieße, dass Kultur zuallererst eine Übung der Wahrnehmung sein müsste, ein Anblicken und Angeblicktwerden, kein dauernder Test unter Androhung von Strafe. Diese kulturelle Mission könnte der Auftrag unserer Schulen sein.

Hier ist der Moment, wo die Natur ins Spiel kommt. Denn mit ihr öffnet sich ein Raum gewaltfreier Kommunikation. Dieser Raum ist die Stätte unserer Herkunft, wo wir als Geste des »natürlichen Gebens« entstanden sind – als Geschenk einer schöpferischen Welt an sich selbst. In der Natur können wir stets die »Sprache des Lebens« vernehmen, die unsere Erziehungsinstitutionen so dringend lernen müssten.

Genau wie ein Elternteil das zentrale Bedürfnis seines Kindes nach Liebe erfüllen kann, wenn es dessen Anliegen sieht und dessen Gefühle wohlwollend aufnimmt und spiegelt, so wirkt auch die Natur als ein Partner voller Lebendigkeit, welcher seelische Bindung ermöglicht. Die Natur zeigt mir die Dimensionen meiner eigenen Lebendigkeit, zeigt die Regeln von Blüte und Welken, von Geborenwerden, Sterbenmüssen, Krankheit und Heilung, ohne dass sie je ein Urteil über mich spräche.

Die Natur hat in dieser Hinsicht Elternfunktion: Sie reflektiert ohne Erklärung meine Lebendigkeit, nährt mich wohlwollend, aber verhindert mit ihrem Panorama von Entfaltung und Sterben zugleich jede Illusion darüber, allmächtig zu sein, ewig zu leben und mehr als das für mich wirklich nötige Stück vom Kuchen verspeisen zu können, ohne Schaden zu nehmen. Die nichtmenschlichen Lebewesen haben keine Meinungen über uns. Sie sind einfach da. Sie begrüßen uns und empfangen uns in ihrer ganzen Lebensfreude – oder in der ganzen Wucht ihres unabwendbaren Leids –, ganz gleich, ob wir Mathe-Ass sind oder Handball-Niete.

Wie kommen wir von der Schule der Gewalt, die durch beständiges Beurteilen Menschen zu Zwecken macht, zur Schule des Lebens, in der Lebendigkeit andere Lebendigkeit begrüßt? Das beste Mittel gegen den schulischen Missbrauch aus Be- und Verwertung besteht darin, der Natur offenen Eintritt in die Schule zu verschaffen. Aber auch hier gilt: Natur und Wildnis sind keine Ressource, sondern eine Lebenshaltung. Bezogen auf die Kinder bedeutet das, mehr Spielen, mehr Freiheit, mehr echtes fremdes Leben zuzulassen. Erinnern wir uns: Das Prinzip des Natürlichen ist nicht das Prinzip des Reservats seltener Arten mit Betretungsverbot, sondern das Prinzip der Kreativität, Freiheit, Vermischung, Kooperativität.

Konkret folgt daraus: Eine Schule, die sich der Wildnis verschreibt, ist ein Ort, der Kontrolle reduziert und Eigenverantwortlichkeit stärkt – aber nicht in einem Pseudo-Freiraum, der ganz am Ende doch wieder benotet wird, sondern unter dem wirklichen Risiko für alle Beteiligten, dass ein Scheitern möglich ist. Eine wilde Schule verzichtet auf Zwecke. Sie macht einen Tag in der Woche frei für das Leben draußen, ob das nun in den Wäldern und Feldern vor den Toren einer Kleinstadt ist oder in den Brachen, Anlagen und Innenstadtstraßen einer Metropole. Eine wilde Schule holt anderes Leben, holt Tiere hinein bis in den alltäglichen Unterricht – aber sperrt sie nicht ein in Ställe, die von den Kindern dann nur unter Protest gepflegt werden. Eine Schule der Lebendigkeit ergänzt nicht den Schulhof durch einen Garten, der im Turnus gepflegt werden muss, sondern löst die Grenze zwischen »Hof« und Wald auf, und vielleicht auch zwischen Schul-Hof und Bauern-Hof. Eine lebendige Schule verschließt die Lücke zwischen Leben und Lernen – aber nicht, indem sie sich, wie heute propagiert, als erste Station des lebenslangen Lernens versteht. Sondern indem sie Lernen als ein Anliegen der Lebendigkeit begreift. Diese geht vor, alles andere kommt hinterher.

Die Zahlen sprechen eine eindeutige Sprache: Schulen, in denen die Außenräume naturnah gestaltet sind, funktionieren schlichtweg besser. Sie kennen im Schnitt ein Drittel weniger schwere Konflikte als Institute, bei denen die Pausen auf Beton und Asphalt herumgebracht werden. Beim Unterricht im Freien ist die Aufmerksamkeit der Schüler messbar höher als im Klassenraum. Im Grunde ist das alles kein Wunder – fand doch die Schule des Lebens einst ohnehin inmitten anderer Existenzen statt.

Entsprechende Beobachtungen machte der US-Pädagoge David Sobel während eines Forschungsaufenthalts auf der Karibikinsel Carriacou. Dort verbringen Kinder ihre Nachmittage immer noch spielerisch als Jäger und Sammler. Sie ziehen in kleinen, altersgemischten Gruppen umher, stopfen sich den Mund mit Früchten voll und erlegen ab und zu ein kleines Tier, das sie mit nach Hause bringen. Hier ist die Grenze zwischen Ernst und Spiel, zwischen Freude und Notwendigkeit, zwischen Fantasieren und Üben verwischt. Die Kinder lernen das Notwendige, aber sie lernen es in Freiheit und ohne Überwachung. Sie spielen Jagen, Anschleichen, Sammeln, Kochen, Zubereiten – indem sie jagen, sich anschleichen, etwas sammeln, kochen und zubereiten. Das, was sie begeistert, ist zugleich der Ernst des Lebens, das, worum es geht. Wer würde da nicht neidisch?

Die Schule ist der Ort, wo am wenigsten auf Kinder gehört wird, weil man schon alles über sie weiß. Komisch, dass die dann nicht richtig mitmachen. Und stattdessen ganz woanders sind.

Trotzdem: Ihr könnt die Sache selbst in die Hand nehmen. Ihr habt zwar am wenigsten Macht, aber ihr könnt am meisten Mitgefühl bewirken. Wenn ihr wirklich einen Plan habt und den in die Hand nehmt, dann hat das den größten Effekt. Wer etwa garantiert hinhört, wenn ein Schüler-Flashmob den geteerten Hof in eine schlammige Brache verwandelt, das sind die Reporter der lokalen Zeitung. Kinder, die selbst die Bildungsmisere in die Hand nehmen! Drucken sie. Zumindest einmal. Mit Gruppenfoto.

Ihr seht, es ist wie bei allem: Es hängt von euch ab. Auch wenn ihr eigentlich noch zu jung für solche Entscheidungen seid. Und keiner euch lassen will. Die Ideen, die ich jetzt aufschreibe, könnt ihr benutzen – aber ihr könnt sie auch – ausnahmsweise – an eure Eltern, Lehrer und andere Amtspersonen abgeben. Denn Schule ist ein Amtsakt, ob wir wollen oder nicht. Fangen wir mal an, daran zu rütteln.

1. Bäume zum **Klettern** freigeben

Das ist so eine kleine Änderung, die alles umkippen könnte. Ihr habt doch davon schon einmal gehört? Der Flügelschlag eines Schmetterlings hinter dem Himalaya, der in Europa ein Riesen-Gewitter verursacht. Ein kleiner Schubs an der richtigen Stelle. Das Ganze wirkt so: Eine Schule, die ihren Schülern erlaubt, *einfach so* auf Bäume zu klettern, gibt euch die Eigenverantwortung zurück. Lässt euch selbst entscheiden. Auch in anderen Dingen. Geht ein Risiko ein. Geht darum noch mehr Risiken ein. Risiken aber heißen: Leben. Leben ist nämlich tödlich, auf lange Sicht. Und nur darum ist man lebendig. Eine solche Schule wird auch nicht mehr auf »versicherungstechnische Gründe«

verweisen, wenn ihrer Leitung etwas zu stressig ist. Wahrscheinlich klettert der Rektor selbst nachmittags im Geäst herum. An einer solchen Schule wird, langsam und klammheimlich, alles anders.

2. Das Außengelände verwildern lassen

Es ist immer wieder komisch zu sehen, wie Erwachsene sich (und anderen) das Leben schwer machen, weil sie glauben, etwas könne nicht anders als auf eine bestimmte Art getan werden. Eine Schule hat einen Hof und der ist gepflastert oder zugeteert, darauf ein paar Bänke und ein paar Mülleimer aus Zinkblech. Vielleicht noch ein Stück Rasen mit ein paar Büschen. Ein paar Spielgeräte, die bald langweilig sind. Fertig. Dabei kostet das ständig Stress und Geld. Fegen. Waschen. Ausbessern. Gras zwischen den Pflastersteinen wegspritzen. Neue Platten verlegen. Klettergerüst reparieren. Alles ordentlich halten. Rasen mähen. Rasenmäher reparieren. Benzin kaufen. Klima verschlechtern.

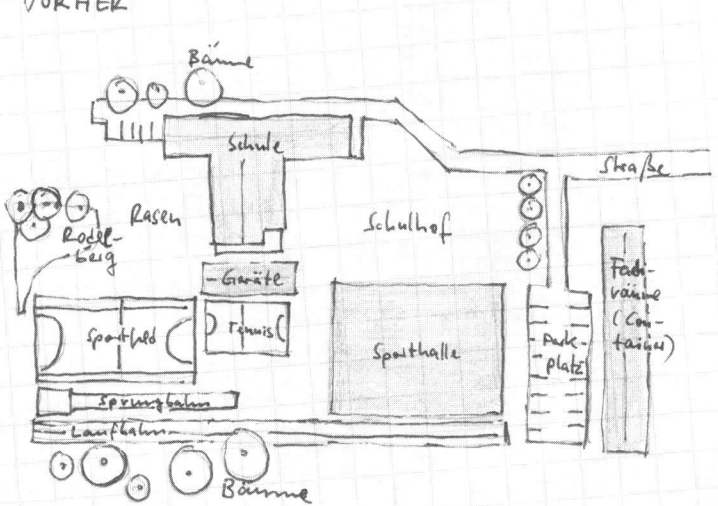

Am einfachsten wäre es, man täte gar nichts mehr. Überließe den ganzen Schulhof sich selbst. Es gibt so Firmen, die haben große Fräsen, mit denen sie ganze Autobahnen in einem einzigen Tag wegkratzen können. So eine könnte den Schulhof einfach verschwinden lassen. An einem Tag. Darunter ist Erde. Ein paar Pflanzen, die versucht haben, sich durch den Teer zu bohren. (Manche schaffen es.)
Jetzt kommt ihr. Mit Schaufeln und Schubkarren. Macht euch vorher gemeinsam einen ungefähren Plan, dann könnt ihr loslegen. Jetzt kriegt das Gelände Hügel und Mulden, Gräben, Teiche. In denen sammelt sich nach dem Regen das Wasser, zumindest kurz. Wenn ihr Bäume braucht: Weidentriebe oder Haselschösslinge abschneiden und einfach in den Boden stecken. Der Rest folgt von allein. Niemand muss pflegen oder aufräumen. Die Wege, die entstehen, sind eure Trampelpfade. Sie führen genau da lang, wo ihr am liebsten geht. Sie führen in die wirkliche Welt, ins wirkliche Leben. Und nun ein Schild hinhängen: *Betreten unbedingt geboten! Kinder haften nicht für ihre Eltern!*

3. Den Schulhof zur **Baumhausstadt** machen
(siehe auch Kapitel »Straßen für Kinderscharen«)

Ihr werdet sehen, dass jetzt etwas passiert, worüber vorher keiner nachgedacht hat: Ihr fangt an, euch in der Wildnis auf dem Schulhof einzurichten. Denn nun ist da draußen genau nicht mehr das Gleiche wie drinnen: nicht mehr das Durchgeplante, Kontrollierte, das euch kontrolliert und euch sagt: Seid so! Wenn nicht, Strafe! Je zahlreicher die kleinen Nischen auf dem Schulhof, entweder weil ihr sie baut (pflanzen, pflanzen, pflanzen) oder weil sie mit der Zeit von selbst entstehen, desto eher werdet ihr Verstecke und Heimaten finden. Vergesst nicht, dass ein wilder Schulhof, der euch gehört, weil ihn kein Erwachsener kontrolliert, voller Möglichkeiten ist. Und Möglichkeiten heißen: Material. Das gehört also auch dahin. Äste. Stecken. Stämme. Seile. Bretter. Planen, Persenninge (Segeltuche). Spaten, Eimer, Sägen, Hämmer.

Wie wäre das? Der Lehrer, der Aufsicht hat, kontrolliert nicht mehr, ob ihr euer Kinder-Pingui-Papier neben den Mülleimer werft, sondern zeigt euch, wie man ein Seil zwischen zwei Ästen straff kriegt. Wetten, dass ihr während der Pausen die Noten, die euch sonst in jeder Sekunde bedrohen, vollkommen vergesst? Außer irgendein Politiker kommt auf die Idee, dass man ein Fach »Draußenspielen« auf dem Zeugnis einführen könnte. Mit Bewertung. Oder gleich eine Note für »Leistung im Menschsein«: ausreichend, mangelhaft, ungenügend.

4. Einen festen »Draußentag« veranstalten

Der Deutsche Wanderverband, in dem eine Million Kniebundhosen tragende und auch sonst der frischen Luft verpflichtete Bürger organisiert sind, hat es zur festen Forderung gemacht: Fünf Tage Schule drinnen sind einer zu viel. Der Wunsch der Organisation an die Politiker aller Parteien daher: Ganz umdenken! Keine Reform, Revolution! Schule aus jeden Donnerstag! Und dann raus mit den Kindern. Ohne in Deutsch Naturlyrik auf dem Lehrplan, in Physik die Fallgesetze, in Sport Klettern, in Geografie Bodentypen. Einfach nur raus. Obwohl, das mit dem Gedicht ist vielleicht nicht schlecht (da stimmt ihr mir jetzt bestimmt nicht zu).
Es gibt zwei Arten, wie Schule draußen stattfinden kann: als Unterricht, der um ein Thema gruppiert ist. Also zum Beispiel Pflanzen suchen im Biounterricht oder Bäume umarmen in Ethik. Im Grunde genommen so etwas wie erweiterte Ausflüge. Oder aber: ohne Thema. Einfach so. Draußen sein halt. Ihr könnt ja mal auf einer Wiese anfangen. Der Lehrer wird ganz schön ins Schwitzen kommen. Was, wenn ihn die Eltern anrufen und fragen, was ihre Kinder denn heute gelernt haben? Aber ihr kommt auch irgendwie in Stress. Nichts machen? Dabei die Smartphones in den Mappen lassen? Und nun? Zuerst gibt es bestimmt ziemliche Durchhänger. Entzug! Mit entsprechenden Folgen: Jammer! Maul rum! Fail! Kackschule! Zu Hause am Rechner bei *Crysis 3* hätte ich jetzt bestimmt den Multi-Kill gemacht!

Wenn euer Lehrer, oder mit wem auch immer ihr da hingeht, schlau ist, schleift er euch regelmäßig an denselben Ort. Dann passiert das Gleiche wie auf dem in eine Wildnis verwandelten Schulhof, nur schneller, weil schon Bäume, Bäche, Brach-Ecken da sind: Ihr fangt an, euch in einer Heimat einzurichten. Ihr beginnt zu spielen. Zu bauen. Zu jagen. Zu atmen. Zu lauschen. Darum geht es. Ihr lernt, das Leben in euren Herzen zu spüren. Nichts weiter. Das reicht. Alles andere kann man sich im Handumdrehen aneignen. Auch wenn Lehrer immer etwas anderes behaupten und ängstliche Eltern ihnen glauben. Wenn man lebendig ist, ist man gesund, und wenn man gesund ist, ist man stark und kann für sich sorgen. Mein Sohn hat in Italien in vier Monaten besser Italienisch gelernt als jeder Abiturient in acht Jahren.

Ein Draußentag ist ein Tag ohne Noten. Ein Tag ohne Zweck. Ein Tag, um nichts zu tun. Ein Tag, der euch gehört. Den die Lehrer euch schenken. An dem ihr eure Freude zurückschenkt. Ein Tag, an dem das Leben so läuft, wie es gemacht worden ist. In einem funkelnden, sprudelnden Wirbel.

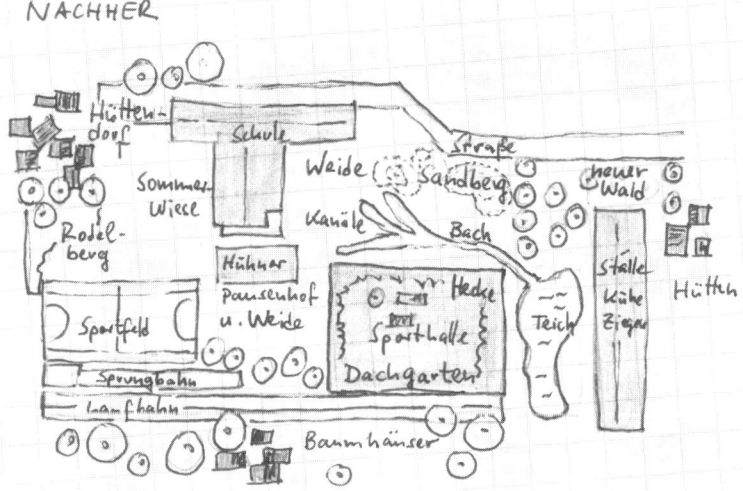

5. Tiere überall halten

Wissenschaftler haben festgestellt, dass in einer stressigen Situation in der Klasse das beste Beruhigungsmittel ein Hund ist. Ein Hund. Der einfach so daliegt. Dann sinkt euer Blutdruck. Einfach nur so. Weil Tiere uns guttun. Das gilt natürlich auch für die Schule. Je mehr sie zu einem Bauernhof wird, umso besser. Aber am allerbesten sind eben Hunde. Weil der Hund die einzige Tierart ist, deren Lebensraum in der menschlichen Familie liegt. Nicht in der sibirischen Tundra. Sondern auf eurem Bett.

Es gibt ja schon ein paar Schulhunde in Deutschland. Aber das sind Hunde, die jemandem gehören, der sie speziell dressiert hat und damit von Klasse zu Klasse zieht. Das ist gut, aber es reicht nicht. Ihr braucht einen eigenen Hund an der Schule. Oder eine Meute! Die

auch noch Welpen bekommt, jedes Jahr im März und im September. Jaaa! (Auch das könnte wieder so ein Anti-Disziplin-Programm sein … wie ja eigentlich die meisten meiner Vorschläge … wahrscheinlich werde ich mich an Schulen gar nicht mehr blicken lassen können …) Eine winzige Eintrittspforte, durch die ein bisschen Ungehorsam sickert, der wiederum die große Umwälzung einleitet. Hallo, Hunde in der Schule? Die auf den Gängen liegen und bellen? Wuschelige Klassenpudel, die man bei der Mathearbeit auf dem Schoß haben kann, damit einem die Rechenwege einfallen, und die in der Mensa Männchen machen?
Da bleibt kein Stein auf dem anderen.
Was die anderen Tiere betrifft: Kaninchen sind gut, Schafe sind gut, Pferde, Esel. Je weniger sie in Käfigen gehalten werden, desto besser. Je weniger Sklaven-Dasein aufkommt und je mehr Wildnis, desto besser. Kaninchen und Meerschweinchen, die auf dem Schulhof frei herumlaufen; ein Bauer, der seine Schafe auf dem Schulhof hält und sie dort durch die Kinderhorden stieben lässt – so etwa. Raus aus den Pflegeverhältnissen. Rein in die Wildnis der Gegenseitigkeit. Tiere auf Augenhöhe.

6. **Nicht-Lehrer** und **Nicht-Eltern** (»Peers«) hereinholen

Lehrer wollen, dass ihr gute Noten bringt (dann glauben sie, einen guten Job zu machen) und dass ihr sie nicht nervt (dann haben sie ihre Ruhe). Eltern wollen, dass ihr gute Noten bringt (dann glauben sie, tolle Eltern zu sein) und dass ihr sie nicht nervt (dann haben sie ihre Ruhe). Aus diesen Gründen wollt ihr irgendwann mal runter von der Schule und zu Hause ausziehen. Lehrer und Eltern sind also nicht die Idealbegleitung bei tollen Sachen. Außer, sie definieren ihre Rolle um. Dazu sind aber nicht so viele in der Lage. Die meisten halten sich tief im Inneren für totale Versager, brauchen also Bestätigung. Und weil das so anstrengend ist, wollen sie ständig ihre Ruhe. Da ist nicht viel zu machen.

Helfen können euch andere Erwachsene. Solche, die sich nicht einen Job mit Kindern gesucht haben, weil sie dachten, so würden sie ganz viele *Okays* den ganzen Tag bekommen, und die dann feststellen, dass Kinder das sind, was man am allerschlechtesten kontrollieren kann. Und was einen die ganze Zeit nicht bestätigt, sondern in Frage stellt.

Andere Erwachsene können sein: der Bauer von nebenan. Der Chef des Plastikformteile-Herstellers. Der Bürgermeister. Der Kinderarzt. Der Fotograf der Lokalzeitung. Der Besitzer der Gartenbaufirma. Die pensionierte Rechtsanwältin von schräg um die Ecke. Der Kripo-Beamte. Der alleinstehende Kumpel von Papa. Die kinderlose Literaturagentin. Eurer Fantasie sind keine Grenzen gesetzt. Jeder, der sympathisch ist, kann gefragt werden, und sympathisch heißt: der euch *sieht*.

Was ihr denen sagen sollt? Worum es geht? Mit euch zu spielen. Kommen und da sein. Schauen. Fühlen. »Habt ihr Lust, ein paar Stunden in der Woche mit uns zu spielen?« Die crazy Ideen kommen schon von allein. Bei Eltern und Lehrern dagegen geht es immer um irgendwas. Die crazy Ideen verschwinden dann von allein. Ihr könnt euch zusammensetzen und kleine Gruppen bilden. Losgehen und die interessanten Gestalten ansprechen. Aber vielleicht kommen die selbst einmal auf die Idee? Gehen zu einer Schule, klingeln bei der Leiterin und sagen: »Guten Tag. Wir wollen mit deinen Kindern spielen. Wann kann es losgehen?« Wenn die Direktorin nicht die Hosen voll hat (kommt vor, kaum zu glauben), wird sie sagen: »Super, Sie Geschenk des Himmels, machen Sie es sich bequem, wollen Sie einen Kaffee oder einen amtlichen Keks aus der Blechdose?«

Und dann trefft ihr euch an einem Nachmittag alle auf dem Schulhof und schaut, was geht.

7. **Noten** abschaffen

Wieder so eine Kleinigkeit, die alles verändern würde. Eine Kleinigkeit? Es wäre so, als würden die Erwachsenen das Geld abschaffen. Die Zinsen. Alles, was dazu führt, dass gute Sachen knapp sind und wir nie Zeit haben. Und weil die Schulen der Staat sind (wie die Polizei) und der Staat auch das Geld nicht abschaffen will, wird er auch nicht Juhu! schreien, wenn irgendein Schulleiter die Zensuren cancelt. Und ich meine nicht nur so vertuscht wie in den ersten Jahren der Grundschule, wo es diese Tabellenbeurteilungen gibt, die alle in 1–2–3–4–5– raus umrechnen können. Nein, ganz weg. Gar nicht mehr. Am Ende der Grundschule ein Zettel, auf dem steht: Weiß jetzt so viel, dass er aufs Gymnasium darf. Wenn es kein Geld mehr gäbe, keine Zinsen, keine Noten und dafür Tiere und Pflanzen auf dem Schulhof, wo wären wir da? Genau. Im Paradies.

8. Eine eigene **Wildnisschule** gründen

So etwas gibt es schon, ist aber eher selten. Eine besonders interessante liegt nördlich von Berlin, in Blankenfelde: Die Freie Naturschule. (http://www.freie-naturschule-pankow.de) Hier ist eine Reihe der Ideen verwirklicht, von denen ich gesprochen habe. Schreiben lernen die Schüler, wenn sie Lust dazu haben. Dafür können sie tagelang Bogen bauen. Und sind immer draußen.
Fragt doch mal eure Eltern. Zusammen mit dem nettesten Lehrer. Und einigen der neu gefundenen Peers. Sie werden alle etwas einsilbig reagieren. *Im-Prinzip-ja-aber*. Denn eine Schule gründen ist ziemlich schwer. Eigentlich nicht vorgesehen. Im Grund eine echte Revolution. Und Revolutionen haben hier ja immer nur so mittelmäßig funktioniert. Der Staat passt auf. Ist halt alles amtlich. Staatlich. Und der Staat sieht die Konkurrenz nicht so gerne. Gibt kein Geld. Geizt mit der Anerkennung. Es wäre auch eigentlich viel besser, wenn die ganz normalen Schulen anfingen, sich grundlegend zu ändern. Einfach *alle*. Nicht

nur so crazy Exoten. Aber irgendjemand muss ja anfangen. Dafür hat man dann alle Freiheiten, wenn man selbst eine Schule gründet. Was entsteht, muss nicht mehr viel mit Leisten und Lernen zu tun haben, sondern es darf sehr viel um Lust und Lebendigkeit gehen. Das einzige Problem ist: Solange nicht alle anderen mitmachen, müssen Kinder irgendwann von der Freien Schule auf die staatliche wechseln, und das kann ganz schön frustrierend sein. Je lebendiger man geworden ist, umso mehr.

Das meint Max

»Wenn ich irgendwas machen soll und etwas denken soll, nur weil das so vorbestimmt ist, habe ich schon von vorneherein keine Lust mehr. Dann ist das total uninteressant und ich mache auch im späteren Leben einen Bogen drum herum. Schule ist zum Abgewöhnen. So wie Konfirmandenunterricht. Man muss etwas machen, weil man sonst bestraft wird. Klar kann man da was lernen. So gerade für die Arbeit und dann wieder vergessen. Das wirkliche Leben ist ganz woanders. Da soll auch Schule nie hinkommen. Das will ich mir gar nicht versauen lassen.«

Und das meint Emma

»Ich habe mit meiner Freundin Nina den SOS-Club gegründet. Das heißt ›Schule-ist-Scheiße-Club‹. Ja, die Abkürzung passt nicht so richtig. Das würde einem ein Lehrer gleich ankreiden. Deswegen ja. Ich habe manchmal richtig Angst vor der Schule. Ich habe Angst, dass etwas, was ich sage, nicht richtig ist, und dass ich Ärger kriege. Also sage ich dann lieber nichts. Ich tue so, als ob ich gut mitmachen würde. Die Lehrer merken das gar nicht. Die denken etwas ganz anderes, als was wirklich los ist. Die glauben, uns macht der Unterricht Riesenspaß. Aber stattdessen wühlen wir in unseren Schulmappen, und während die Lehrer denken, wir suchen den Anspitzer, spielen wir eine Runde Temple Run.«

Hack your playground

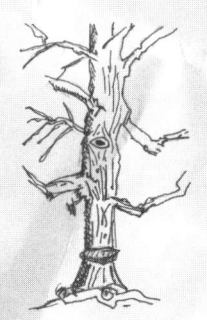

Vom Geräte-Gefängnis zur selbst gebauten Welt

»Damit ein Ort seine magische
Wirkung auf Kinder entfalten kann,
müssen diese dort toben und zerstören dürfen.
Also Bäume erklettern, rummatschen,
Tiere fangen, nass werden –
überhaupt alle Wege verlassen.«

ROBERT M. PYLE[10]

Wo gibt es in der Stadt Platz zum Spielen? Auf dem Spielplatz natürlich.
Das Berliner »Gesetz über öffentliche Kinderspielplätze (Kinderspielplatzgesetz)« sieht für jeden Einwohner der Hauptstadt eine Spielfläche von einem Quadratmeter vor. Für jeden Berliner einen! Theoretisch könnte ich also auf die umzäunte Spielfläche am Stuttgarter Platz im gutbürgerlich-kinderreichen Charlottenburg treten, wenn dort Kinder mit gepolsterten Popos einander Schäufelchen wegzerren und

---

10 Peter R. Kahn & Stephen R. Kellert (2002): *Children and Nature. Psychological, Sociocultural, and Evolutionary Investigations.* Cambridge, Massachusetts & London: MIT Press, S. xvii (Vorwort)

gern auch einmal damit zuschlagen, während Mütter miteinander plaudern, einen *Chai Latte* aus einer der Bars gegenüber auf den verführerischen Knien. Ich könnte unter irritierten Blicken in den Sandkasten steigen, mit dem Finger einen Kreis um meine Füße zeichnen und rufen:»Hier ist mein Spiel-Platz! Dieser Quadratmeter steht mir zu!« Panik. Gellende Schreie. Fluchtartiges Verlassen des bedrohten Areals. Vermutlich wäre das Ordnungsamt, nein, das SEK (Spielplatzeinsatzkommando der Polizei) schneller da, um mich mitzunehmen, als die schönen Mütter ihren *Latte* austrinken könnten.

Kinder auf Spielplätzen unterliegen stärkerer Kontrolle als eine gepflegte Population Fünftklässler während der Lateinstunde. Diese Kontrolle üben zweierlei Kräfte aus: Eltern und Nannys, welche den Kleinen am überfüllten Samstagmorgen nach dem Shopping auf die Finger sehen. Und die baulichen Normen, nach denen Spielraum angelegt werden darf. Und die sind eng, wie ein Blick in Wikipedia uns lehrt:»Öffentliche Spielplätze und die dortigen Spielgeräte müssen in der Europäischen Union seit 1998 der europäischen Norm DIN EN 1176 und 1177 entsprechen. Ebenfalls zu beachten sind die DIN 18034 (Anforderungen und Hinweise für Planung und Betrieb) und für Spielplätze in Schulen und Kindergärten die Merkblätter der GUV (Gemeinde-Unfall-Versicherung).«[11]

Moderne Spielgeräte sollen den Kindern einerseits optimale Bewegungserfahrungen ermöglichen und andererseits Unfälle so gut wie ausschließen. Sie sind daher stabil, hochwertig, sicher und – langweilig: Abgesandte der allgemeinen pädagogischen Botschaft:»Wir wissen besser als du, wie du bist. Pass dich an. Wenn du versagst, trägst allein du die Verantwortung.« Auch hier kommt es zum Double-Bind der Pädagogik: Die bunten Spielgeräte suggerieren: Hier hat jemand richtig doll an uns Kinder gedacht! Aber die unterschwellige Botschaft

---

[11] http://de.wikipedia.org/wiki/Spielplatz

der vorgefertigten Gestelle ist eine andere. Sie ist ein Urteil über den erlaubten Inhalt kindlicher Fantasie – und damit ein gewaltsamer Akt. Kinder quittieren diese Ausweglosigkeit auf ihre Art – mit Wegbleiben. Das Spielplatz-Gedränge in den Gutverdienerghettos angesagter Großstädte kann darüber nur anfänglich hinwegtäuschen. Schließlich laden die Eltern ihre gewindelten Winzlinge stracks aus dem V70 aus, ohne dass die eine andere Wahl haben. Und dann ist ja ein Zaun drum herum. Zudem: Alternative Oasen gibt es vielerorts einfach nicht.
Anders aber sieht es auf den Belustigungsarenen der weniger gepflegten, ärmeren Stadtteile aus. Geräte aus den frühen Achtzigern, aus Sicherheitsgründen abgeschraubte Schaukeln, Leere. Keine Kinder. Kurz: ein zusammengebrochenes Ökosystem. Insgeheim rechnet jeder Erwachsene, der sich hierher verirrt, damit – sein hoffnungsfrohes Kleinkind auf den Schultern –, auf leere Spritzen zu stoßen.
Umfragen zeigen: Kinder ziehen wilde Spielareale den künstlichen vor. Der im Jahr 2010 vom Marburger Natursoziologen Rainer Brämer veröffentlichte »Jugendreport Natur« zeigt, dass eine 70-Prozent-Mehrheit am liebsten in der unkontrollierten, unüberwachten Natur spielt, zwischen Pflanzen, die selbst über ihr Schicksal entscheiden, und Tieren, deren Vorsicht und Scheu schon Nachweis ihrer Ungebundenheit ist. All das ist gratis – im Gegensatz zu den Summen, die ein norm-

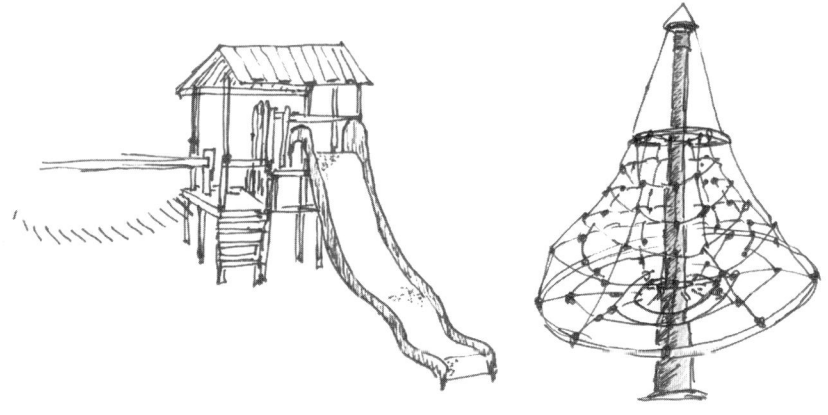

gerechter Spielplatz verschlingt. Für eine einigermaßen geräumige Freizeitfläche gehen schnell mehr als 100 000 Euro aus dem Kommunalbudget drauf – und jährlich mindestens noch einmal 5 000 Euro für den Unterhalt.[12]

Hätte ein Kind die Wahl zwischen Spielplatz nach DIN EN 1176 und einem verwilderten Laubengrundstück mit Ruine, würde es sich fast immer gegen den Spielplatz entscheiden. Genauso wie es sich fast immer gegen die Schule entscheiden würde, in der es die »Wirklichkeit« lernen soll, wenn die Alternative schöpferisches Spiel lautete, mitten in der Wirklichkeit und ganz ohne Noten. Was also fehlt unseren Spielplätzen? Und wie kommen wir dahin, dieses Fehlende zu ersetzen? Wenn für Kinder die Welt fruchtbar werden soll, so dürfen wir das Ergebnis nicht vorgeben. Wir müssen ihre Räume offen halten. Materialien wie zufällig herumliegen lassen, welche alle Sinne inspirieren, ohne Plan unsererseits. Eine Schaukel ist fantastisch – aber ein Park aus Gerüsten, Karussells und Metallgalgen gleicht einer in Leitplanken ausgespannten Autobahn, auf der die Fantasie nur in eine Richtung rauschen kann. Die Blumen wachsen am Rande, von der Piste aus unsichtbar.

Was wir in den Wohnvierteln, den schicken mit den überfüllten Freizeitarenen und den tristen mit den brachliegenden Bolzplätzen brauchen, ist eine Dekonstruktion der Spielplätze. Eine Verlebendigung des Toten. Eine Grassroots-Revolution (also eine Revolution von unten) des spielerischen Sinnes. Wir brauchen in den TÜV-Ghettos unserer

---

12 Zahlen für Berlin: 100 Euro / Quadratmeter, 5 Euro Pflege im Jahr pro Quadratmeter. Siehe: http:// www.stadtentwicklung.berlin.de / service / gesetzestexte / de / download / bauen / 20070116_av_kindersppl.pdf

Kinder jenen Mut und jene Ehrlichkeit, wie sie etwa der Künstler Joseph Beuys bei seinem 7 000-Eichen-Projekt für die Stadt Kassel zeigte, bei dem die langsam wachsenden Pflanzen mit unterschwelliger Suggestivkraft die Atmosphäre in ihrer Umgebung veränderten. Genau dazu sind auch unsere Kinder in der Lage. Aber wir müssen ihnen die Türen öffnen.

Darum stelle ich – »Hack your playground« – Ideen einer Revolution der Spielplätze vor, die zu Keimzellen schöpferischer Freiheit werden könnten. Die nicht ein genau umrissenes Alternativprogramm aufzeigen, sondern ein paar Akzente anders setzen, die jene sensiblen Stellen suchen, an denen eine kleine Änderung ein ganzes System auf den Kopf zu stellen vermag. Der Philosoph Gregory Bateson nannte das einen »Unterschied, der einen Unterschied macht«. Er sah gerade darin das Kennzeichen, wie Lebewesen mit ihrer Welt umgehen.

Schluss mit der Trostlosigkeit. Das ist leicht gesagt, wenn ihr zwischen dem verrosteten Klettergerüst und dem garantiert unfallfreien Piraten-Buddel-Schiff steht, direkt aus dem Käpt'n Blaubär-Comic nachgebaut. Wo kann man denn hier den Hebel ansetzen? Ich kann nur immer wiederholen: Das Einzige, was uns fehlt, ist Mut. Eine Sache total umzudrehen, ist gar nicht so schwer: Man muss nur die richtige Stelle finden. Das ist das Geniale bei manchen Menschen: Sie haben ein Gespür für solche schwachen Punkte.

Ich zum Beispiel: Ich bin kürzlich mit meinem Auto über eine Fahrbahnwelle in einer 30er-Zone gefahren. Dort stand ein Pflasterstein eine halbe Handbreit hervor. Den hatte das Straßenbauamt vergessen. Ich bin mit der Vorderachse hängengeblieben, und Bimm-Bamm!!!, Rad abgerissen, Motor geplatzt, Getriebe zerfetzt, Beifahrersitz aus der Halterung geknickt, Airbags geknallt, Rauch überall, Scheibe zersplittert, Hupe mit Dauerton, Ölsee auf der Straße.

Emma, Max und ich sind ziemlich verdattert rausgekrochen. Der Hund konnte sich knapp zuvor durch einen Sprung vom Vordersitz retten, sonst hätte er den Airbag ins Gesicht gekriegt. Keine Ahnung, wie er das gewusst hat. Jedenfalls: Das war die richtige Stelle für meinen alten Volvo. Systemisch. Das Ventil sozusagen, wo man die Luft auf einen Schlag rauslassen konnte. Hack your Volvo. Jetzt fahre ich S-Bahn.

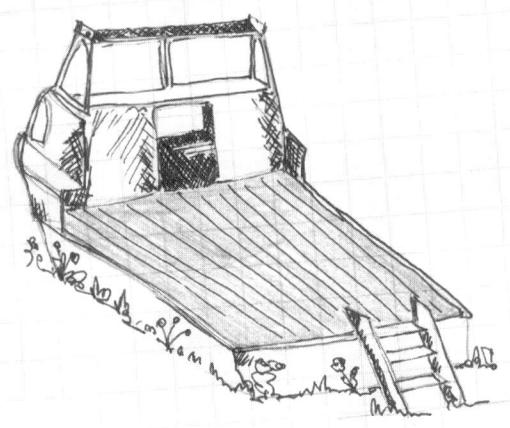

1. **Wasser** marsch

Wir Lebewesen bestehen zu zwei Dritteln aus Wasser. Genau wie die Oberfläche der Erde. Wasser wiegt uns, Wasser füllt uns aus, Wasser tröstet uns. Wasser verwandelt uns – und alle Dinge. Wenn wir sie mit Wasser mischen, ist die Welt eine andere. Das wissen sogar die Regenwürmer, die nach einem heftigen Guss alle aus dem Boden gekrochen kommen. Darum kann es kein richtiges Draußenspielen ohne Wasser geben. Das Erste, was die TÜV-DIN-Kontroll-Aufpassbehörde am Ort eines künftigen Spielplatzes einbauen müsste, ist ein Wasserhahn. Eine Pumpe. Ein Brunnen. Dann können sich die Damen und Herren eigentlich zurücklehnen und gucken, was passiert. Ich prophezeie: Wasserhahn plus unerschlossenes Gelände plus Kinder ist gleich Quatschmatschlebensfreude.

Es muss also eine Wasserquelle her. Nichts leichter als das: Überall in den Straßen liegen Wasserleitungen. Die kann man – wie beispielsweise in Berlin in vielen Innenstadtgassen – mit Hebelpumpen verbinden oder mit einem Hahn, der bei jeder Betätigung für 20 Sekunden Wasser gibt (so wie in den Waschbecken von Autobahnraststätten) oder mit einem kleinen plätschernden Ventil, aus dem beständig ein Rinnsal sickert, das sich auf dem Sand zu einem schlammigen Delta verbreitet.

Jetzt habt ihr euren eigenen Bach! Wenn er in selbst gewählten Windungen durch eure Spielfläche plätschert, dann ist das Paradies schon nicht mehr weit weg. Ihr könnt den Wasserlauf verändern oder dabei zusehen, wie er selbst seine Gestalt wechselt, könnt Wattflächen und tiefe Kolke anlegen, Schilfpflanzen und Frösche anlocken. Wasserverschwendung? Eher Kreislaufwirtschaft. Was aus der Leitung kommt, ist Grundwasser, das auf eurer Abenteuerbrache brav wieder im Untergrund versickert.

Wasser ist der Anfang und das Ende. Die Behörden könnten die rostigen Karussells stehen lassen, wenn sie nur eine Wasserquelle installieren. Teuer? Ach, das ist interessant. Das ist gleich eine kleine Übung in angewandter Gerechtigkeit: Gehört das Wasser dieser Erde nicht allen? Und wenn es allen gehört, steht es dann nicht euch zu, den Kindern?

Insofern könnt ihr euch das Wasser selbst holen. Wie die Feuerwehr. Ihr kennt ja diese blauen, rechteckigen Schilder an Zäunen und Hauswänden, mit einem T aus weißen Linien drauf und Zahlen. Das sind die Zeichen für den nächsten Anschluss. Dort lässt sich ein Schlauch anschließen, und

schon kann es losgehen, zumindest erst mal probehalber. Aber erst fragen, bevor ihr den Gullideckel weghievt! Vielleicht helfen ja die Jungs vom Löschzug? Und die Stadt organisiert, während die Genehmigung für die Spielplatzpumpe ihre Zeit braucht, ein Wasser- und Schlammfest?

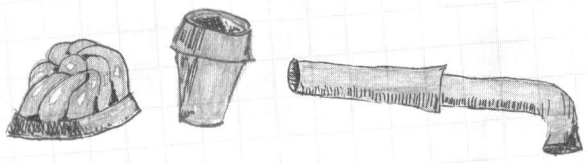

2. Brunnen zu **Schlammlöchern**:
Mit Fantasie, Folie und Filtervlies

Ihr könnt es natürlich auch umdrehen. Es *gibt* ja überall in der Stadt schon Wasserquellen. Brunnen nämlich. Fontänen. Sprudelbecken. An denen sind bisweilen solche Hinweise angeschraubt wie »Intelligente Menschen werfen nichts ins Wasser und stecken keinen Körperteil hinein. Für weniger Intelligente steht hier dieses Schild.« Da haben wir es wieder. Bewertung auf der ganzen Linie. Die Intelligenten sollen die sein, die gehorchen. Gähn.
Im Sommer sieht man trotz derartiger Hinweise Eltern, die ihre Kleinkinder in den Brunnen baden. Fortschrittliche Gemeinden haben Spritzfontänen extra zu diesem Zweck ange-

bracht, die ihr Nass auf Knopfdruck über Pflastersteine ergießen, wie am Léon-Jessel- oder am Nauener Platz in Berlin. Dann patschen da die Kleinen auf den Steinen rum. Was fehlt? Quatsch und Matsch! Wir brauchen Sand! Das ist nämlich die zweite Komponente der universellen spielerischen Formbarkeit. So wie auf der staubtrockenen Spielplatzwüste erst Wasser Leben ermöglicht, so im städtischen Brunnen erst der Sand. »Hack your fountain« könnte man das nennen: Designe dir deinen Pflasterstrand!

Wir brauchen: Filtermatten aus dem Gartenbedarf (damit die Siele nicht verstopfen, das würde aus den netten Damen und Herren vom Tiefbauamt zähnefletschende Vampire machen), Folie (damit ein kleiner Teich entsteht) und eine Lastwagenladung Sand. Kostet 100 Euro. Könnt ihr euch die offenen Münder der anderen Eltern und deren Kinder vorstellen, wenn die Pflasterdusche sich auf einmal in einen erquicklichen Sumpf verwandelt hat? Könnt ihr euch vorstellen, dass es plötzlich in allen Köpfen anfängt zu rattern: Wie wäre es, wenn wir hier diesen Steinplatz gegen ein Feuchtgebiet eintauschen würden?

3. Schutt abladen bitte hier

Früher, vor Ewigkeiten, in der grauen Vorzeit, als ich selbst Kind war, gab es alle zwei Monate Sperrmüllabend. Dann stellten Nachbarn ihre ausrangierten, aber noch perfekt erhaltenen Sofa-Garnituren vor die Tür. Holzbretter. Nagelkartons. Fernseher. Korbsessel. Zaunrollen. Wir haben uns die halbe Nacht um die Ohren geschlagen, nur um zu stöbern und zu staunen. Material für unser Baumhaus abzustauben, in einer gefundenen Schubkarre. Irgendwie gehörte für ein paar lustvolle Dämmerungsstunden allen alles.

Wetten, euer Spielplatz beginnt zu leben, wenn die Erwachsenen ihre alten Sachen nicht mehr zum Wertstoffhoff bringen, sondern zu euch? Oder der Recyclinghof euch einen Container mit altem Holz hinkippt? Müllplatz? Aber nur für Erwachsene, die immer ihre Pobacken zusammenkneifen und die nicht wissen, wie es sich anfühlt, ein lebendiges

Herz in seiner Brust zu spüren. Gefährlich? Na klar. Muss es doch auch sein. Wer will denn in einer Welt spielen, in der nichts mehr gefährlich ist? Außer die Frostbissspinne in *The Elder Scrolls* mit Elfenpfeilen zu erlegen?

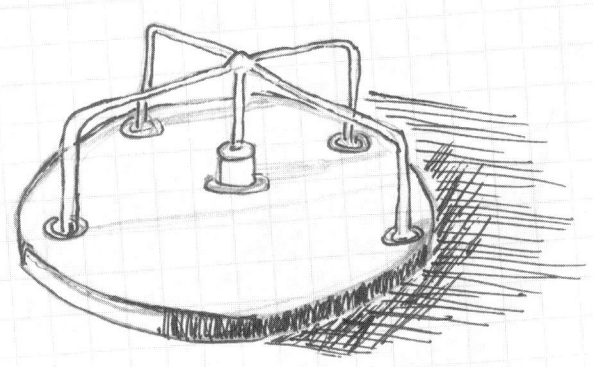

4. Feuerstelle für die **brennenden Herzen**

Wenn man sich in der Wildnis versammelt, braucht man Feuer. Um sich zu wärmen. Um kleine Tiere zu grillen. Um Mehlfladen auf heißen Steinen zu backen. Um, wenn es dämmerig wird, zu träumen und zu sehen, dass die Welt in ihrem Inneren vor Lebendigkeit nur so flackert und glüht. Aber versucht mal, das einem Erwachsenen zu erklären.
Feuer ist gefährlich und böse und unbedingt erst ab achtzehn! Das hat eine lange Tradition. Sie steht in der heimlichen Fibel zur deutschen Kindererziehung, dem »Struwwelpeter«. Dort, wo Eltern ihren Suppenkaspar verhungern lassen, weil er seinen Teller nicht leer isst? Ja, das hat euch eure Mutter auch vorgelesen? Und ihr fandet das so was von normal? Ich auch. Meine Kinder auch. Meine Eltern auch.
Genau. Wenn man nämlich zwei ist, findet man alles normal, was die Eltern machen. Denn die sind groß und *erwachsen!!!*, ihr aber habt keine Ahnung. Und wenn die einem vorlesen, halbernst, irgendwie

locker, aber eigentlich doch mit einem konzentrierten Ausdruck im Gesicht, etwa um zu gesitteter Nahrungsaufnahme zu motivieren, dass »am vierten Tage endlich gar / Der Kaspar wie ein Fädchen war./ Er wog vielleicht ein halbes Lot./ Und war am fünften Tage tot« – dann sitzt das. Irgendwo in der Tiefe, wo ihr später nie mehr hinkommt. Bis ihr das selbst wieder euren Kindern vorlest. Und dabei belustigt sprecht, aber ernst schaut.

Und dann verinnerlicht ihr natürlich auch »Messer, Gabel, Schere, Licht (also Feuer) dürfen kleine Kinder nicht«. Bei Gabel und Schere, naja. Da haben eure Eltern ja auch schon ein paar Ausnahmen gemacht. Aber Feuer? Ihr habt ja bei den Baumhäusern gelesen, dass echte kleine Ausreißer sich selbst um ihre warme Nahrung kümmern. Und dabei sind eure Kollegen ziemlich vernünftig. In vielen Jahren von Pfadfinder-, Jugend- und Wildniscamps hat es kaum nennenswerte Unfälle gegeben. Klar, kleine Brandwunden. Wie auch beim Schnitzen kleine Schnitte. Abschürfungen beim Klettern. Überhaupt, eure Haut ist doch euer Tagebuch. Wenn sie beschrieben ist, geht es euch gut.

Was braucht ihr zum Feuermachen? Legt einen Kreis mit Steinen aus, in dem ihr ein bisschen Boden aushebt.

Nicht zu tief. Dann trockenes Gras (richtig viel) oder abgestorbene Stängel von Ampfer, Disteln, Brennnesseln, Rainfarn. Alles, was leicht brennt und sich gut brechen lässt. Darüber ein paar trockene Äste. Grün vom Baum brennt Holz nicht. Und wenn das alles lodert (na, wo habt ihr die Streichhölzer her?), könnt ihr einen oder zwei dickere Äste drauflegen.

5. Den **Wald** vor lauter Bäumen nicht sehen

Sportgeräte: Super. Tischtennisplatte: Toll. Wenn es hundert Prozent windstill ist, kann man die sogar benutzen. Sonst lässt es sich immerhin darauf chillen, während die Kleinsten Ampfersamen sammeln, um daraus eine Quasisuppe zu quasikochen. Aber was ist trister als eine solche Waschbetonplatte inmitten einer öden DIN-Wüste? Ich erinnere mich an die endlosen Pingpongspiele hinter unserem Haus. Sie waren nichts als die Verwaltung bleierner Trostlosigkeit.
Nach den Spielplatzgesetzen steht für Sport ein bestimmter Flächenanteil zur Verfügung. Aber kaum jemand nutzt den jemals. Ab und zu kommt der Rasenmähtraktor, um zu verhindern, dass alles zuwächst und ein Wald entsteht. Warum eigentlich? Ein Wald wäre doch gut! Es ist das Gleiche wie mit dem Schulhof: Schluss mit der Pflege. Schluss mit den Kosten. Die Gemeindearbeiter können, damit sie nicht arbeitslos werden, euch ja auch beim Baumhausbau helfen.
Die Lösung ist wie so oft genau das Gegenteil von dem, was wir erwartet haben: Nicht der noch perfektere Spielplatz hilft, sondern der total unperfekte. Der Anti-Spielplatz. Das Nicht-Gelände. Erst das wird ein wirklicher Platz zum Spielen und nicht nur zum Abspulen von gewünschtem und ungefährlichem Verhalten. Die Tür zu ungeahntem und gänzlich unbeschriebenem Neuen. Die Pforte in die Fantasie.

Das meint Max

»Unser Spielplatz in der Straße ist immer leer. Da geht kein Kind hin. Nicht einmal, wer Fußball spielen will. Die klettern lieber über den Sportplatzzaun und spielen da. Nur die Babys sind manchmal in der Sandkiste, mit ihren Müttern. Total langweilig. Irgendwie kommt man da nur auf dumme Gedanken. Emma ist mal mit

Erbse an der Leine eines der
Fußballtore aus Metall hochge-
klettert. Dann saß der Pudel da
oben und hatte Angst. Die Leine hatte er
auch noch um. Ich finde einen Spielplatz,
auf dem man nichts verändern und nicht
selbst was hinbauen kann, eine Totgeburt.
Weil man so gern was machen möchte, macht
man am Ende was kaputt. Hauptsache, man
macht was. Für mich müsste ein Spielplatz
überhaupt nicht fertig sein. Warum muss er
denn zu Ende gebaut sein? Das Bauen ist
doch das Beste. Die könnten doch einfach die Sachen da
hinwerfen und wir würden selbst entscheiden. Aber dann
würden all die Aufpasser vom Ordnungsamt arbeitslos.
Das geht natürlich nicht.«

Und das meint Emma

»Ich fand es super, als auf unserem Schulhof neue Klettergeräte aufgestellt
wurden. Die waren ganz verrückt, aus
buntem Holz. Und richtig schwierig!
Eine Wand war auch dabei, mit
farbigen Griffen für die Hände und
Füße, an denen man sich hochziehen konnte. Zuerst war ich
mit meiner Freundin jeden Tag da. Auch nachmittags. Bis wir
alles ausprobiert hatten. Ich finde solche Spielplätze gut.

Trotzdem werden sie irgendwann langweilig. Man kann ja nichts verändern. Und ein Versteck für die geheimen Sachen gibt es auch nicht. Man kann keinen Film drehen. Und keine Mordgeschichte nachspielen. Jedenfalls nicht so gut. Also sind wir jetzt wieder viel lieber hinter dem Haus in der Wildnis. Oder in unserem überwucherten Garten, das ist sowieso nicht so ein Unterschied. Spielplätze halten nicht so lange.«

Alle lieben Leben

Selbsthilfegruppe für das Prinzip Natur

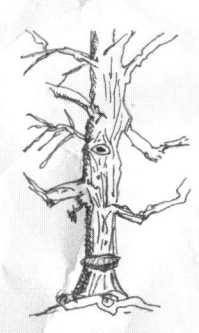

»Zweifle nie daran, dass eine kleine Gruppe entschlossener Menschen die Welt verändern kann. In Wahrheit ist es nur ihr je gelungen.«
MARGARET MEAD

Wo also sollen wir anfangen? Und wie? Wie können wir dort, wo Natur und Wildnis schon lange verschwunden scheinen, unseren Kindern die Welt für spielerische Freiheit öffnen?
Der wirkliche Ernstfall tritt nicht in den Kleinstädten unseres Landes ein, in den Einzelhaussiedlungen mit ihren toskanischen Mini-Palazzi, schwedischen Landhäusern, Backstein-Villetten, wo es immer genügend Parkraum für alle gibt. Gewiss, auch hier ist der Kampf um die letzten brachliegenden Räume – die überwucherten Nischen hinter dem neuen Penny-Markt am Ende der Straße, die sehnsuchtsvollen Winkel hinter den Matheaufgaben und dem neuen Shooter in der Seele der Kinder – längst im vollen Gange. Aber es scheint doch so, als könnte man immer noch hinausgehen und anfangen, wenn all die Trägheitsmomente überwunden sind. Der Raum ist da. Das Interesse bei uns, den Eltern, den engagierten Pädagogen. Zumindest dem Prinzip nach. Aber wenn all das fehlt? Und dennoch Wildnis bitter nötig ist? Wildnis, der die Kinder mit ihrer eigenen Wildheit – also mit ihrem existen-

tiellen Bedürfnis nach spielerischer und schöpferischer Selbstbestimmung – antworten möchten? Wo sollen wir anfangen in jenen steinernen Innenvierteln der Städte, wo keine ehrgeizigen Eltern ihre Kleinen jeden Nachmittag auf die Spielplätze schleifen? Wo die Straßen den eiligen Erwachsenen gehören, den Autos, die sie zustellen – oder den Grüppchen von Jugendlichen, die ziellos herumstreifen, Smartphones in der Hand? In den Plattenbau-Schluchten, in denen adrette Kriechsträucher redlich gestutztes und vor Betretung geschütztes Grün im Schatten massiger Betonriegel flankieren? Wo sich Leben hinter Wohnungstüren vor übergroßen Screens der Fernseher und Rechner abspielt? Wo Eltern nicht spüren, wie gut es ihren Kindern tun würde, nach draußen zu kommen? Kurz: Wo sich niemand an das erinnert, was wir vermissen?

Man könnte auch fragen: Wie kann hier artgerechte Haltung für uns Menschenkinder möglich sein?

Aber artgerecht – also unseren Bedürfnissen gemäß – heißt nicht, dass die Umgebung die eines naturnahen Dorfes aus dem 18. Jahrhundert sein muss, damit Kinder die für ihre Entwicklung nötigen Impulse erhalten. Das gerade ist der Irrtum: Kinder sehnen sich nach dem Abenteuer schöpferischer und spielerischer Selbstbestimmung – ganz gleich, wie der äußere Kontext beschaffen ist. Die ökologisch richtige Kindheit braucht kein faunistisch wertvolles Biotop. Sie braucht Spielräume. Egal ob in einem abgewrackten Slum oder am Rand eines Nationalparks.

Der Unterschied besteht paradoxerweise darin, dass im Nationalpark »Betreten verboten« gilt, im Großstadt-Ghetto aber nicht. Dort haben wir heute mehr Freiheit als in der wirklich »wertvollen« Natur. Wir nehmen sie uns nur nicht, wir schenken sie nicht mehr an unsere Kinder weiter. Aber wir könnten jederzeit. Hier öffnet sich ein Betätigungsfeld für praktische Ökologie: Nicht im Schutz rarer Biotope, sondern indem wir für die Bedürfnisse der wichtigsten Menschen, die wir haben, eintreten. Und wieder ist es an uns, den Eltern, Lehrern, Betreuern, uns zu ermannen, uns jenen kleinen Ruck zu geben, der das aktive Leben vom hilflosen Ruhezustand unterscheidet.

Wir brauchen in den Innenstädten einen Aufstand für die Wildheit. Und dieser Aufstand, diese Wildheit erfordert nichts weiter, als dass wir uns zusammentun, dass wir einander treffen und kennenlernen und gemeinsam miteinander aushandeln, unseren Kindern die Rückkehr auf die Straße zu ermöglichen. Und hier zeigt sich vielleicht sogar noch etwas anderes: So wie das freie Spielen und die ungebremste Fantasie Dimensionen sind, in denen sich die wilde Natur des Kindes entfaltet, so ist die soziale Begegnung, das Aushandeln, das Debattieren, das Gegen- und Miteinander eine erwachsene Weise, Wildheit zu leben. Es scheint somit so zu sein: Wir brauchen in den Innenstädten und in den Außenbezirksghettos, was unseren Umgang miteinander betrifft, die Rückkehr zur Stammeskultur.

Alles beginnt mit der Kommunikation. Mit der Anwesenheit eines Gegenübers. Alles fängt mit einer Zahl größer als eins an. Das größte Hindernis, das der »Natur«-Erfahrung in der Metropole entgegensteht, ist nicht der Mangel an Freiräumen – sondern das Fehlen der anderen Kinder. Gerade eine Großstadt ist reich an geheimnisvollen – gerne auch gefährlich vermüllten – Ecken, an denen sich die Fantasie in der Wirklichkeit verkrallen kann. So erinnert sich etwa der lang-

jährige Münchner Oberbürgermeister Christian Ude mit Wärme daran, wie er als Kind lange Nachmittage mit seinen Freunden auf Trümmergrundstücken verbrachte – unbeobachtet und unreglementiert, Herr einer unabsehbaren Welt.
Heute aber ist kaum ein Kind mehr draußen – und hier beginnt die Aufgabe der Erwachsenen. Wir müssen uns geradezu verschwören, um dafür zu sorgen, dass die Hochhausfahrstühle zu bestimmten Zeiten eine kritische Masse von Kindern ausspucken. Der Rest entsteht von ganz allein. Erforderlich ist also eine heute geradezu paradoxal anmutende Mischung von Konsequenz und Toleranz: »Nein, ihr schaltet den Rechner jetzt aus. Nein, ihr müsst draußen spielen. Ja, ihr dürft die Grünanlagen umwühlen. Ja, ihr dürft auch zwischen den Thujen eine Hütte bauen …!«
Es ist nötig, dass sich die Erwachsenen zusammentun. Es ist darum nötig, weil keine Eltern im Alleingang ihrem Kind wieder die Bedingungen einer ungestörten Existenz draußen ermöglichen können: Die Gegenwart anderer Kinder, die selbstverständliche Toleranz, dass Kinder »Unsinn« machen, dass sie ein Recht auf ihre eigenen Welten haben, dass sie »verschwinden«, um mit ihren Freunden »nichts« zu tun und dann schmutzig und mit zerrissenen Hosen und blutigen Schrammen zurückzukehren. Um dieses seelische Klima wiederzufinden, ist es nötig, dass wir runde Tische bilden – im Wohngebiet, im Wohnblock, im Einzugsbereich der Schule. Wir brauchen Spielelternabende, die auf diese Weise zugleich Selbsthilfegruppen und Kiez-Partys sein können. Gipfeltreffen der Menschlichkeit mit all ihrer Wärme und all ihren Dramen. Letztlich folgt diese Idee jenen neuen Modellen gemeinsamen Lebens, Arbeitens und Feierns, die heute in Metropolen ausprobiert werden und die teilweise reißenden Absatz finden. Ob in »interkulturellen Gärten« oder beim »Urban Gardening« – überall geht es um das Bedürfnis, das Leben langsamer, der Erde näher, weniger anonym, gemeinschaftlich zu gestalten – aber all das nicht unter den Vorzeichen kleingärtnerischer Enge, sondern als offener Austausch, in dem sich das Verschiedene gegenseitig bereichert. Für unser Thema heißt das: Keine Spielplätze allein mit Bänken für strickende Mütter, sondern eine

Baumhaus-Wildnis, in der die dazu geladenen Eltern gern in der Abenddämmerung ein Gläschen Tee miteinander trinken. Die wahren interkulturellen Gärten sind die Spielorte der Kinder, jener Kinder, die so jung sind, dass sie noch keine Sprache sprechen, außer der ihrer eifrigen Hände und leuchtenden Augen. Wir Erwachsenen können die Welt nicht mehr verändern. Aber Kinder sind dazu jederzeit in der Lage. Wir können ihnen die Chance geben, es zu tun.

Es geht nicht von oben. Es reicht nicht, wenn die Kommune einen tollen Naturerfahrungsraum bereitstellt, der von engagierten Pädagogen betreut wird. So etwas ist auch Ghetto, das Ghetto der nützlichen Ressource. Die Wildnis ins Leben zurückzuholen ist ein Kraftakt, der nur von unten funktioniert, wenn die, die nach Leben hungern, selbst wieder dahin zurückfinden. Es kommt daher nur bedingt auf die richtige Kommunalpolitik an. Es geht vor allem um den Mut und die Courage, gemeinsam ein anderes Lebensmodell anzusteuern.

Ich beschreibe hier eine soziale Utopie, gewiss – aber eine, die bereits, und mit blendender Nachfrage, ausprobiert wird. Zugleich folgt diese Utopie einem universellen Erbe: Sie ist die gesellschaftliche Realität vieler Millionen Jahre menschlicher Evolution, in der kleine Gruppen ihre Lebensbedingungen miteinander ausgehandelt haben, eingebettet in die Erfahrungs- und Identifikationsmöglichkeiten der Natur. Ermöglichen wir unseren Kindern, gerade in der Dichte der Städte, ihre eigene Wildheit, so führt uns das möglicherweise auch zu unserer zurück. Was sich ergäbe, wäre vielleicht so etwas wie die vorsichtige Besichtigung einer Heimat.

Schließt euch zusammen. Das ist eigentlich alles, was ich sagen will. Organisiert euch, aber nicht für eine politische Kampagne, sondern um Spaß zu haben und um lebendig zu sein. Hinter den Vorhängen eurer Wohnstraßen ist mehr Leben, als es von außen den Anschein hat. Findet einander, und nehmt mehr hinein, als euch auf den ersten Blick plausibel erscheint. Eltern, Lehrer, den Pächter des kleinen Shops,

Vertreter der Wohnungsbaugesellschaft, einen aus dem Tiefbauamt. Gründet einen runden Tisch – einen runden Spieltisch. Verabredet euch. Haltet euch daran. Vermeidet, Einzelkämpfer zu sein. Spielt zusammen. Esst und trinkt zusammen. Lacht zusammen. Feiert zusammen.

1. Ein Spielzeiten-Plan

Das ist schon fast das Wichtigste. Etwa: Alle Kinder treffen sich in den Grünanlagen / auf der Straße / im Park an der Ecke / auf dem Spielplatz *werktags von vier bis halb sieben, am Wochenende von zwei bis acht*. Wenn alle Eltern mitmachen, dann strömen aus den Hoftoren der Wohnsilos plötzlich Scharen von potentiellen Freunden und Freundinnen. In allen möglichen Altersgruppen. Vom watschelnden Schäufelchenträger zur koketten jungen Dame. Das Tolle an der Altersmischung ist, dass meist die Großen den Kleinen helfen. Automatisch. Es muss keine elterliche Aufsicht dabei sein. Eigentlich funktioniert das bei uns Menschen von ganz allein. Es müssen bloß genügend da sein. Und es darf keine Aufpasser und Kontrolleure geben, die immer schon wissen, was geht und was nicht.

2. Ein Toleranz-Plan

Richtig gut funktioniert der konzertierte Rausschmiss der Kinder auf die Straße aber erst, wenn dort unten nicht die grenzenlose Tristesse einer von Gewalt und Autorität kontrollierten Welt herrscht. Wenn ihr auch etwas dürft – oder zumindest die Erlaubnis habt, Sachen zu tun, obwohl ihr sie nicht dürft. Das heißt: Irgendwer muss beginnen, muss sich über die bestehenden Vorschriften hinwegsetzen und die anderen damit anstecken. Einfach doch die Grünflächen betreten. Einfach doch unter den Sitka-Fichten eine Höhle bauen. Einfach doch das Kaninchen auf dem Rasen weiden lassen. Mit dem Zwergpudel auf den Müllboxen balancieren üben. Gemeinsam im Gartenteich baden. Wer die Welt verändern will, weil sie ihm anders mehr Spaß macht, muss sich über die bestehenden Regeln ein bisschen hinwegsetzen, und das ist manchmal nicht ganz erlaubt.

Der erste Schritt besteht darin, die Verbotsschilder in unseren Köpfen abzuschrauben. Das heißt: Manche ängstlichen Mütter und Väter davon zu überzeugen, dass Draußenspielen nicht lebensgefährlich ist. Es ist meist Angst, die einen Neubeginn verhindert. Und immer wieder stellt sich heraus, dass es Angst vor der Wirklichkeit ist. Die Wirklichkeit aber ist die Wirklichkeit. Besser ist es, zu sehen, wo sie anfängt und wo sie aufhört. Sonst stößt man sich irgwendwann ganz schön doll den Kopf.

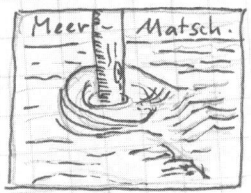

3. Ein integriertes **Freiheitskonzept**

Der nächste Schritt – aber der ist ziemlich groß – bestünde darin, alle irgendwie Betroffenen zusammenzubringen, damit sie sich gegenseitig das Leben erleichtern können. Ihr habt doch bestimmt auch schon einmal gespürt, wie sehr es Spaß macht, für einen anderen Menschen das Leben wunderbarer zu machen. Genau. Das ist der Zweck. Etwas unerwartet für alle, das gebe ich zu. Normalerweise sind wir hier eher zu Zwecken der Bedenkentragerei. Also um uns und den anderen das Leben schwer zu machen. Das haben wir schließlich so in der Schule gelernt!

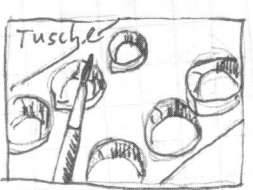

Aber man kann es auch andersherum versuchen. Alle großen und richtig coolen Änderungen in der Welt haben so begonnen. Menschen, die eine aufregende Idee antrieb, eine Vision, die sich richtig angefühlt hat, haben sich zusammengefunden. Das war allein schon ein Antrieb für Begeisterung. Jetzt müssen wir nur noch die anderen mitnehmen. Auf jeden Fall ist sicher: Wenn ihr, die Kinder, sie fragt, können sie viel schlechter Nein sagen. Das wäre ja so, als würden sie zur Zukunft Nein sagen und zur Liebe gleich noch mit.

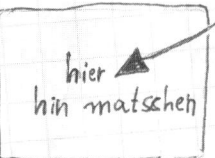

Gut wäre es, wenn sich alle Erwachsenen, die in einer Ecke der Kommune etwas zu sagen haben (oder das glauben), an einen Tisch setzen, um gemeinsam die alten Widerstände aus dem Weg zu räumen. Das Gute dabei ist: Das Neue steckt an. Wenn die Hausverwaltung kapiert, dass sie durch die Übergabe aller Grünflächen an die Kinder Tausende Euros spart, weil sie keinen Rasen mehr pflegen und keine Klettergerüste mehr reparieren muss, dann ist die Lösung vielleicht gar nicht so weit. Oder wenn die Lehrer wissen, dass sie im Kinderbrachland einen Tag Unterricht abhalten können. Und die Eltern, dass sie nette Nachbarn, die sie noch gar nicht kannten, an Sommerabenden nach Sonnenuntergang am Fuße des Baumhauses treffen können …

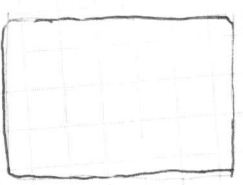

4. Das Dorf in der Stadt

Was all solche Ideen so attraktiv macht, ist ihre Nähe zu den Lebensmodellen, mit denen der Mensch in der Vorgeschichte groß geworden ist. Das Dorf in der Stadt, in dem alle miteinander kooperieren und Differenzen aushandeln, ist kaum etwas anderes als die Siedlung in der Savanne. Und genau das macht das gute Gefühl.
Vielleicht trägt euch das auch noch ganz woanders hin? Vielleicht kommt ihr dazu, dass immer reihum jeden Tag ein paar Eltern kochen und die andern kostenlos essen können? Dass ihr vielleicht einen Pool von Geräten anlegt, die alle einmal brauchen, aber niemand andauernd? Wie Bohrer, Rasenmäher, Kreissägen und Modellflugzeuge. Wer weiß, vielleicht beginnt ein älterer Mitbewohner mit etwas mehr Zeit, eine Sammlung von Briefmarken vorzuhalten, erledigt kleine Besorgungen für alle, die den Einzelnen viel Zeit kosten? Oder ihr macht das selbst und verdient euch ab und zu mal etwas nebenher?
In Wahrheit sehnen sich alle nach so etwas: nach einer großen Familie. Aber das ist nicht nur nostalgischer Traum: In so einer Dorf-Stammes-Nachbarn-Familie sind alle gesünder, reden mehr miteinander und geben weniger Geld aus. Das haben Forscher auch schon gemessen. Oder anders gesagt: Alle sind lebendiger. Weil sie sich bemüht haben, eine Welt einzurichten, in der es sich wieder spielen lässt. Was habe ich gesagt? Für die Lebendigkeit seid eben ihr, die Kinder, die Experten.

Das meint Emma

»Ich finde, das Wichtigste ist, dass man eine Freundin findet. Wie es draußen aussieht, ist nicht so wichtig. Nicht ganz so wichtig. Natürlich schon irgendwie. Aber eine Freundin ist wichtiger. Ich habe gelernt, dass man eine Freundin überall finden kann. Solange Kinder da sind. Man muss sich halt verabreden. Wenn es eine feste Zeit gibt, dann ist das gut. Das ist dann wie Schule ohne Unterricht, nur die Pause oder der Sport. Das ist super. Dann ist es viel leichter, eine Freundin zu finden und sie immer wieder zu treffen. Wie in der Schule. Da trifft man seine beste Freundin auch immer jeden Tag. Ganz von allein. Dann ist es auch egal, wenn Kinder dabei sind, die man nicht so mag. Die finden sich dann auch irgendwie.«

Und das meint Max

»Wenn ich mich langweile und bei meiner Mutter im Haus bin, wo es einen Garten gibt, dann gehe ich zu Andranik. Das ist mein Freund in der Straße, eine Schulklasse unter mir. Der langweilt sich auch in seinem Haus mit dem Garten. Wir langweilen uns dann zusammen. Das ist auch nicht viel besser. Aber ein bisschen. Manchmal werden wir dann von unseren Eltern rausgeschmissen. Dann langweilen wir uns auf der Straße. Irgendwie ist auf der Straße mehr los. Es ist aber eine kleine Straße. Autos kommen nicht so oft. Außer wenn Fußball ist. Dann rasen die da lang. Dann geht man besser nicht auf die Straße. Abends kommen die anderen raus. Das ist dann besser. Da langweilen wir uns alle zusammen. Das wird dann schon wieder fast lustig. Oder wir fahren Waveboard. Oder alles Mögliche. Mit Fahrrädern, Rollschuhen, Skate- und Waveboards. Einfach so rumhängen. Früher haben wir uns immer auf Papas Auto gesetzt. Hat er erlaubt, verstehe ich auch nicht. Dann haben die Kleinen die Scheibenwischer an den Scheinwerfern abgetreten und so. Gehört halt alles zum Rumhängen dazu. Das sind die besten Stunden des Sommers.«

Straßen für Kinderscharen

Stadtumbau echt

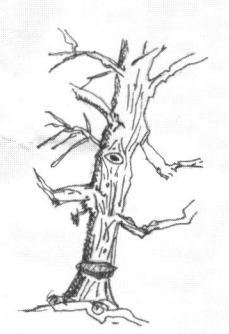

»Der Mensch ist nicht fertig.
Man muss in Entwicklung bleiben,
offen sein, auch im Leben gehobenes Kind,
Kind der Schöpfung, des Schöpfers.«
PAUL KLEE

Als kürzlich die Berwick Fields Primary School im australischen Bundesstaat Victoria ein Gebäudeteil renovieren ließ, stapelten die Bauarbeiter ihr Material auf dem Pausenhof. Reste, Verschnitt, Abfälle warfen sie auf einen großen Haufen daneben. Holz, Nägel, Werkzeuge – alles war da. Eine Weile beobachteten die Kinder – zwischen zwei und sieben Jahren alt – während der Hofpausen das verlockende Tun der Großen. Echte Bauarbeiter! Dann nutzten sie ihre Chance: Sie begannen in aller Unschuld, Bretter zu klauen und selbst eine Baustelle zu eröffnen. Entstehendes Objekt: ein Fantasieverhau. Fertigstellung: ungewiss.
Die Pädagogen der Berwick Fields Schule bewiesen Nerven und Kreativität. Sie schritten nicht – wie es ihre Kollegen an wohl beinahe jedem anderen Lehrinstitut der westlichen Hemisphäre getan hätten – armfuchtelnd ein (Versicherungsrechtliche Gründe! Unfallgefahr! Drohende Klagen!), sondern schauten staunend zu. Und sahen ansteckende Be-

geisterung und lebendigen Eifer. Viele der beim Bretter-Requirieren aktiven Kids konnten die Pausen kaum noch erwarten. Mit Hingabe setzten sie ihr Gebastel fort – mit derselben unwiderstehlichen Kraft angezogen wie Wasser, das einen Berghang hinabrinnt.

Kinder stellen aus frei verfügbarem Material in eigener Regie immer heimelige Orte her – so lautet die erstaunlich konstante Regel, der dieses Buch nachgeht und für die es eine neue Freiheit in der Gesellschaft finden will. Kinder erbauen sich spielerisch ihre Welt, das könnte fast als Naturgesetz gelten, in jedem Fall als humanökologisches Prinzip. Wenn wir sie lassen, dann entwickeln sie geradezu geologische Kraft, verändern Landschaften und Städte und ordnen die Welt, wie es für sie lebensförderlich ist. Je nach Vorliebe kann man diese Gestaltungsgier als eingeborene Poesie der Kindheit oder als universellen Ingenieurgeist beschreiben. Aber das ist ganz gleich. Wichtig ist allein, dass Erwachsene, die eine kindgerechte und damit lebendige Welt herstellen möchten, die Hände getrost in den Schoß legen und alles der Naturkraft Kind überlassen können. Freie Kinder erschaffen die Wildnis immer wieder neu.

Das australische Baumhausbau-Experiment hatte einen Vorläufer an einer Schule in Lexington im US-Bundesstaat Massachusetts. Dort ging der Lehrer Mark Powell etwas systematischer vor: Er stellte den Kindern Baumaterial zur Verfügung und wartete ab. Warten musste er nicht lange: Schon nach Minuten schnappten sich Kinder erste Bauteile.

Bald war beinahe die gesamte Schülerschaft mit dem Errichten einer einzigartigen Baumhaus-Stadt beschäftigt. Verschiedene Grüppchen hämmerten hingebungsvoll an ihren jeweiligen Hütten. Der Stadtbau wurde das dominierende Thema an der Schule. Die Kinder kamen nicht mehr zum Lernen (taten sie das je?), sondern um ihrem Clan zu helfen, den Dorfbau weiterzutreiben. Es war Spiel – und zugleich erwachsener Ernst. Schnell traten die ersten territorialen Konflikte auf – Hütten wuchsen ineinander, Material war plötzlich wieder »abgenagelt«. Die Stämme bildeten Koalitionen und schmiedeten Angriffspläne. Hier griffen die Lehrer ein und stoppten die Bauerei zunächst. Die Kinder mussten erst Regeln zum friedlichen Umgang mit solchen Konflikten aushandeln. Auch diese Agenda entwickelten die Schüler gemeinsam. Die Erwachsenen sorgten nur dafür, dass die Verhandlungen nicht stockten. Von ganz allein, im schöpferischen, freiwilligen Spiel hatten die Schüler das grundsätzliche menschliche Handlungsspektrum entfaltet. Ihre kleinen Communitys wurden zu Prototypen archaischer Völker, wie sie seit vielleicht fünf Millionen Jahren existieren – und zu einem Beispiel von Zukunftsfähigkeit.

In diesem Abschnitt möchte ich ein ähnliches, nur größer angelegtes Experiment vorschlagen – für alle, die ihren zivilen Ungehorsam um der Lebendigkeit willen noch ein Stückchen weitertreiben wollen, aber auch für Kommunen, die ernsthaft darüber nachdenken, wie ihnen eine Wende hin zu einer kinder- und damit lebensförderlichen Stadt gelingen kann. Ich möchte vorschlagen, dass wir mit den Mitteln aus dem Haushalt für Jugend und Sport nicht einen Spielplatz DIN-gerecht sanieren, sondern den Kindern einen Teil der Stadt überlassen, damit sie dort machen können, was sie wollen.

Übergeben wir den Kindern die Stadtplanung – zeitweise, an einer besonderen, ausgesuchten Stelle. Alles, was sie dazu brauchen, ist ein

bisschen Material. Dazu ihre Köpfe, ihre Herzen, ihre Hände und Füße. Und unsere Ermutigung: Einen lächelnden Blick, der sagt: »Ihr seid willkommen. Fangt an. Keiner wird euch bewerten. Noten gibt es nicht.«

Meine Antwort auf die quälende Frage, wo Kinder in der Metropole in Kontakt mit Wildnis und Natur – und so mit ihrer eigenen Lebendigkeit – kommen sollen, lautet also: Indem sie selbst die Stadt erneuern. Indem sie sich wieder als das zeigen, was sie sind: als Wildnis und Natur. Indem sie eine ganze Straße, einen ganzen Platz in ein einziges Baumhaus verwandeln. Und indem wir ihnen folgen. Die Antwort liegt nicht darin, dass man Kindern Rückzugsräume zur Verfügung stellt (möblierte Spielplätze, Naturerfahrungsräume, Waldkindergärten, denen letztlich allen die Geste eines segregierenden Ghettos anhaftet). Sie liegt darin, dass die Kinder selbst wieder als Wildnis in Aktion treten, dass sie als Kräfte eines Naturprozesses tätig werden.

Kinder *sind* ein kreatives Potential der schöpferischen Natur. Damit ist ihr Handeln zugleich auch immer ergebnisoffen – und das macht den Unterschied zu anderen ehrgeizigen didaktischen, pädagogischen oder politischen Zielen aus. Es ist offen, wie die Wachstumsprozesse einer Pflanze, deren Wurzeln als Rhizom den Boden durchstreifen. Sie durchdringen sich mit anderen Wurzeln, ohne das vorgefertigte Bild eines perfekten Zustandes mitzuführen. Kinder wirken, wenn man sie lässt, immer als Agenten der Lebendigkeit. Als diese können sie auch in die als tot empfundene urbane Landschaft wieder Leben einpflanzen.

Die Lust der Kinder, sich mit den je vorhandenen Materialien eine Heimat in die Welt einzuschreiben, kann damit zur Transformationskraft werden, die auch uns – unsere rational erwachsene Gesellschaft – zu einer neuen Form von Nachhaltigkeit anleiten kann. Eine solche Nachhaltigkeit beginnt nicht mit technischen Standards. Nicht mit der Definition von Grenz- und Mindestwerten. Sie gehorcht überhaupt keiner abstrakten Idee. Sie folgt allein der Lebendigkeit. Denn alles, was lebendiger macht, macht auch nachhaltiger. Gesünder. Fröhlicher. Älter. Diese Nachhaltigkeit würde den Impulsen der Kinder auf dieselbe Weise nachgehen, wie kluge Architekten ein neues Wegenetz im Park den spontan gewählten und doch erstaunlich übereinstimmenden Pfaden der Menschen anpassen.

Auch hier zeigen uns die Kinder etwas: Nämlich dass wir unsere Idee von Zukunftsfähigkeit dringend vom Kopf auf die Füße stellen müssen. Nennen wir sie nicht mehr Nachhaltigkeit, sondern Verlebendigung, »Enlivenment«. Um die Kriterien dafür zu finden, können wir die Kinder in ihrer Lebendigkeit geradezu wie Suchhunde einsetzen. Das Interessante an dieser Form lebendiger Nachhaltigkeit ist, dass kaum noch etwas sie von einem Kunstwerk unterscheidet. Wenn die Kinder eine Straße in ein riesiges Baumhaus verwandeln, dann formt sich dort zugleich eine Skulptur, ein Kunstwerk im Entstehen. Aber das Werk hat keinen Künstler, dem es sich zuschreiben lässt. Es ist ein Prozess wie die Prozesse der Ökologie, die keinen Urheber haben, aber doch ausdrucksvolle Subjekte hervorbringen, Formen, die den Sinn des Lebens illustrieren.

Der Plan ist also: Eine Straße wird zum Mega-Baumhaus. Und ihr baut es.
Um diese Idee sofort in die Tat umzusetzen, muss man der Neffe des Bürgermeisters sein – sonst dauert es ein bisschen. Irgendwie aber ist sie doch die logische Fortsetzung all der Vorschläge, wie ihr euren Garten, eure Schule, euer Wohngebiet umkrempeln könnt. Oder umgekehrt: In einer Stadt, die einmal eine ganze Straße den Kindern schenkt, damit diese sie umbauen, wird nichts mehr sein wie zuvor.
Aber der Weg dahin ist so ein richtiger Erwachsenenweg. Mit Genehmigungen, Bewerbungen, Klinkenputzen und viel Frust. Dieses Buch ist ein Schritt dahin. Ich bin sicher: Die Gemeinde, die sich traut, so ein Experiment durchzuführen, wird reich belohnt. Mit Aufmerksamkeit. Mit Interesse. Mit Kritik. Mit Fernsehteams und Sendezeit. Im In-

und Ausland. Eigentlich doch ideal für meine deutsche Heimatstadt Berlin, »arm, aber sexy«. Oder für ein Mittelzentrum irgendwo auf dem Land, dem die Bevölkerung wegschmilzt. Ich kann mir gut vorstellen, dass eine solche von selbst wachsende Installation fast einen kleinen Christo-Effekt hat – wie 1991, als der amerikanische Künstler den Berliner Reichstag mit einer riesigen Acrylfolie verhüllte.

Was brauchen wir? Eine Genehmigung, Parkverbotsschilder, eine gute Versicherung, ein paar Kubikmeter Holz und Kleinteile, einige Erwachsene, die Schmiere stehen, und drei Wochen Zeit – etwa in den Sommerferien. Dann werdet ihr schon sehen.

Zunächst wird der Straßenabschnitt für den Autoverkehr gesperrt. Dann teilen wir das Material – Bretter, Kanthölzer, Seile, Draht, Schrauben diverser Größen, Nägel, Tücher, Folien, Sägen, Hammer, Akkubohrer und -schrauber aus. Der Rest folgt keiner Planung. Ihr seid dran. Stellt euch darauf ein: Vielleicht wird es am Beginn eine Phase der Orientierungs- oder auch Lustlosigkeit geben. Eine ganze Straße liegt euch zu Füßen! Der Teer, die Steine, all das ist vielleicht nicht einmal sonderlich einladend. Aber ihr braucht nichts tun, es holt euch sowieso ein, und irgendwann fangt ihr einfach an. Die einzige Bedin-

gung ist, dass ihr mithilfe der Werkzeuge nichts zerstört, sondern etwas aufbaut.

Die Konstruktionsphase kann zwei oder drei Wochen dauern. Danach ist die Installation noch einen weiteren Monat zur Besichtigung freigegeben. Anschließend wird sie unter eurer Mithilfe (wofür ihr umgekehrt die Baumaterialien behalten und in eurem Baumhaus verbasteln könnt) abgebaut.

Das meint Emma

»Die Erwachsenen würden ganz schön komisch gucken. Und sie würden das nieee erlauben! Sie gucken ja jetzt schon komisch, wenn ich etwas mache, das sie nicht toll finden. Zum Beispiel wenn ich auf dem Flachdach des Gartenschuppens sitze, mit meinen Freundinnen, im Sommer. Dann haben immer alle Angst, dass wir runterfallen. Aber wir sind ja nicht bescheuert. Der Teer der Dachpappe ist abends noch schön warm von der Sonne. Wir breiten dann eine Decke da aus und nehmen uns Fanta mit. Und Papas altes iBook, dann können wir Musik hören. Alle, die vorbeigehen, glotzen uns an. Wie wir hochgekommen sind? Da steht ein Abschnitt vom alten Jägerzaun herum. Den haben wir an die Wand gelehnt. Ist eine Superleiter. Außerdem kann man auf dem Zaun, der als Leiter dient, springen üben. Wir sind eine Sprungschule. Das heißt, ich und Luisa sind die Sprunglehrer und Franka und Merit sind die Schüler. Und Papa. Aber der kann gar nichts. Total lernresistent. Der reißt sich nur die Hose auf.

Hat er mal gemacht, von der letzten Stufe der Zaun-Leiter. Erwachsene haben dabei einfach nichts verloren. Wir sind aber auch ein Musiklabel. Da oben hören wir Lieder und probieren neue aus. Wir suchen noch welche, die mitmachen. Aber ob die Erwachsenen uns so was mal richtig in Groß machen lassen? Wenn es in unserer Straße ist, dann würden Luisa und ich eine Brücke zu unserem Schuppendach bauen. Aus Seilen und Brettern. So eine ganz wacklige.«

Und das meint Max

»Auf jeden Fall müssen in der Straße Bäume stehen. Wenn keine Bäume da sind, kann man nichts befestigen. Das ist das Problem. Gerade so in Stadtstraßen. Oder in großen Wohnsiedlungen. Bäume sind so Universalhalter. Man kann was an sie rannageln. Man kann raufklettern und was hochziehen. Man kann auch einen Hochsitz reinbauen. Ein Baum alle vier Meter reicht. Aber dann wird es knapp. Stattdessen könnte man vielleicht so Pfosten aufstellen. Am Boden anschrauben oder mit Gewichten beschweren, wie bei einer Baustelle die Hilfsampeln. Oder einbetonieren. Auch aus Holz, da kann man dann alles Mögliche dranmachen. Nageln. Oder schrauben. Oder mit Ösen. Die Pfosten müssen halt fest stehen. Überhaupt ist gutes Werkzeug wichtig. Davon muss genug da sein. Sonst wird es Quälerei. Und dann haben wir das Gefühl, dass wir verarscht werden. Dass alles die Erwachsenen bekommen, nur weil sie erwachsen sind.«

Ausblick

Für eine Pädagogik des Scheiterns

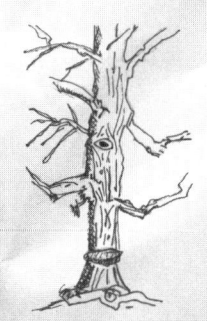

»Ein Kind sagte: ›Was ist das Gras?‹
und pflückte es mir mit vollen Händen.
Wie konnte ich dem Kinde antworten?
Ich weiß nicht besser als das Kind, was es ist.«
WALT WHITMAN[13]

Was ist das **Ziel** von Erziehung?

Das ist eine Frage, die sich sehr wenige Erziehende – Eltern wie Lehrer – regelmäßig stellen. In der pädagogischen Ausbildung findet das Nachdenken darüber allenfalls auf den Nebenkriegsschauplätzen statt: Vielleicht ergibt sich die seltene Gelegenheit dazu einmal in einem Oberseminar über Montessori-Pädagogik. Oder bei einer flüchtigen Diskussion in der Cafeteria. Aber die Fragen »Wozu tun wir etwas?« und »Wie kommen wir am besten zum Ziel?« bleiben dennoch erstaunlich unreflektiert, erstaunlich vor allem angesichts der großen

---

13 Walt Whitman, »Gesang von mir selbst«, In: Whitman, Walt (1985) *Grashalme*. Zürich: Diogenes Verlag

und dramatischen Zeit des Umbruchs, in der unsere Zivilisation in diesen Jahren gerade steckt.

In Wahrheit setzt jede Pädagogik eine Anthropologie voraus; jeder Plan für Erziehung eine Idee vom Menschen. Und jede Idee vom Menschen ist um eine Vorstellung davon herumgebaut, was es heißt, am Leben zu sein. Auch wenn wir uns seit Jahrhunderten hartnäckig bemühen, die großen Fragen auszuklammern und durch die Untersuchung von Elementarteilchen zu ersetzen, sie stehlen sich immer wieder durch die Hintertür herein. Und das heißt in unserem Fall: Es kann keine Pädagogik geben, ohne dass wir uns darüber Gedanken machen, was wir unter unserer Lebendigkeit verstehen.

Dieses Buch ist auch der Versuch, die Leere, welche die fehlende Antwort auf diese Frage hinterlässt, zu füllen und ein Angebot dafür zu machen, wie Lebendigkeit eigentlich gedacht – aber eben auch mit allen Sinnen ausgekostet – werden könnte. Etwa so: Ein fühlender Körper unter anderen fühlenden Körpern zu sein, ein Körper, der wachsen, sich entfalten, der geben und empfangen, der frei und verbunden sein möchte, der eine Identität als verantwortliches Individuum und als anerkannter Teil eines großen Ganzen mit dessen gemeinsamer Geschichte gleichermaßen anstrebt. Lebendig zu sein heißt, dieses schöpferische und nach Existenz begehrende Universum im Brennpunkt einer schicksalhaften Individualität noch einmal zu entfalten, es zu spiegeln und ihm zu antworten. Es heißt, diese Antwort auf die gleiche Weise zu geben, wie alles sich verwirklicht, nämlich als Poesie: das Ganze in einem beliebig kleinen Fragment, schöpferisch, spielerisch, kooperierend und konkurrierend, immer neu und doch in der Verbindung zu den uralten und universellen Bedürfnissen lebender Wesen, die nur gemeinsam miteinander existieren können.

Erziehung müsste demnach vor allem dem Ziel folgen, diese dem Sein eigene Lebendigkeit nicht zu behindern. Das stellt jede pädagogische Agenda auf den Kopf: Nicht länger wäre Erziehung nötig, um die angeblich »natürlich vorhandenen« schädlichen oder egoistischen Tendenzen unseres wilden Erbes in uns auszuschalten und durch die kulturellen Regeln von Kooperativität und Zahmheit zu ersetzen. Sondern vielmehr hieße gute Erziehung, Wildheit zuzulassen, weil diese in sich selbst eine gesunde Vorstellung davon mitbringt, was ausgewogene Bedürfnisse sind. Weil in ihrem Erfahrungsraum Fühlen nicht ausgeschaltet ist und somit Lebendigkeit direkt spürbar bleibt. Das ist auch die pädagogische Grundidee Alice Millers: ein jedes Kind in seiner Lebendigkeit bedingungslos annehmen und Grenzen einzig dort einzufordern, wo die eigene Lebendigkeit oder die der Umwelt geschmälert wird.

Die Aufgabe der Pädagogik läge demnach darin, vermittelnd bei der größten Paradoxie unserer Existenz zu wirken: dem Umstand gerecht zu werden, dass wir das Bedürfnis haben, gleichermaßen ganz autonom zu sein und ganz zugehörig. Die je nachdem gelungene oder missratene Mediation zwischen den Bedürfnissen nach Verbundenheit und denen nach Unabhängigkeit stellt den Grundkonflikt dar, der sich durch unsere Seelen zieht. Das intensive Empfinden von Lebendigkeit hingegen bezeugt den gelungenen Ausgleich für einen kurzen Moment im Verlauf der Zeit. Letztlich aber lässt sich Scheitern niemals vermeiden, ja, Scheitern ist in allen großen Unternehmungen immer schon als eine künftige Unausweichlichkeit inbegriffen. Eine Pädagogik der Lebendigkeit ist also eine, welche nicht gegen das Scheitern wappnen will, sondern welche die Freiheit lässt, damit zu spielen, nicht anders, als ein Ökosystem mit seinem Scheitern spielt, indem es jede Katastrophe in einen neuen, eigenen Zustand transformiert.

Hier kommt die tragende Rolle der Natur ins Spiel: Denn diese ist, in ihrem ganzen Gewebe, eine Antwort auf diesen Grundkonflikt zwischen dem Schweren, Allgemeinen – der Materie – und dem Leichten, Aufstrebenden – dem individuellen Begehren. Sie ist die momentane Lösung vor dem Hintergrund finalen Scheiterns. Das organische Gewebe der Natur, ihr Verdauen, Verwandeln, Wachsen und Blühen ist die immerwährende und zugleich stets nur momentane Aufhebung dieser Paradoxien. Dieser Widerspruch ist systematisch, er ist nicht durch schlechte Organisation, mangelnde Vorbereitung oder sonst etwas, für das jemand die Schuld übernehmen könnte, entstanden. Er ist dem Leben eigen, ja, er ist überhaupt der eigentliche Kern von Lebendigkeit.

So beobachtet der estnische Biologe Kalevi Kull, dass im innersten Kern des Organismus eine grundsätzliche Inkompatibilität herrscht: Zwischen dem abstrakten genetischen Code und dem fühlenden Körper, der sich daraus durch eine beständige Übersetzungstätigkeit auf molekularer Ebene bildet, wird es immer Missverständnisse und Übertragungsfehler geben. Aber erst diese Schwierigkeiten sind die Quelle, aus der ein Organismus sich immer wieder erschafft und wodurch biologische Innovation überhaupt möglich wird.

Der US-Evolutionsforscher Edward O. Wilson meint entsprechend, dass auch wir Menschen zwischen den Polen dieses biologischen Paradoxes hin- und hergerissen sind, da wir evolutionär zwei widersprüchlichen Strategien folgen: einem Hang zur individuellen Autonomie und Stärke und einer Verbundenheit mit der Gruppe durch Kompromissbereitschaft und Unterwerfung. Zwei Ziele, die sich diametral widersprechen, zwei Seelen in unserer Brust, die einander bekämpfen: Wie kann aus einer solchen Situation je eine konfliktlose, rein effiziente Existenz aufgehen?

Die Antwort ist: Sie kann es nicht. Es ist der Konflikt, welcher den eigentlich kreativen Ort ausmacht. Die Wand, vor die man läuft, ist die einzige denkbare Tür. Dort, wo es schwierig ist, wird es auch lebendig – dann jedenfalls, wenn die Beteiligten *spielen* dürfen, dann, wenn sie frei sind, dann, wenn sie aufhören, sich selbst ängstlich zu bewerten und wenn sie von anderen nicht bewertet werden. Das Faszinierende ist: Handeln, das sich um Bewertung nicht schert, wird automatisch spielerisch. Wer als er selbst auftritt, seine Gefühle und Bedürfnisse äußert, spielt von ganz allein. Er spielt auch dann, wenn die Umstände zum Haareausraufen sind.

Das wissen all jene Kinder, die sich zum Spielen etwas mehr Risiko wünschen, etwas mehr Selbständigkeit, ein bisschen mehr echte Gefahr. Und ist es nicht vielleicht so, dass ihr Spielen – jene tiefste und durch keine Bestrafung abzustellende Notwendigkeit kindlicher Existenz – genau diese Weisheit verkörpert: Dort, wo die Unvereinbarkeiten aufeinandertreffen, entsteht das Neue. Aber es kann nur Fuß fassen, wenn man es lässt. Wenn man nicht vorherbestimmt, wie die Lösungen auszusehen haben. Diese Kontrollwut durchzieht aber unsere ganze Zivilisation, und zuallererst prägt sie die Pädagogik.

Das Einzige, was gegen die Versklavung der Bedürfnisse hilft, ist, Lebendigkeit zuzulassen, wo immer sie nach Einlass verlangt. Darum gilt: Die pädagogische Haltung, welche die latente Krise in all unserem Existieren nicht als Störung optimaler Ergebnisse sieht, sondern als Chance zu lernen, ist die Haltung, welche bedingungslos auf Lebendigkeit setzt. Welche das eigene erhebende Gefühl, lebendig zu sein, als Orientierung dafür einsetzt, was zu tun oder zu lassen ist. Eine solche Haltung wird von allein zur Autorität, auch ohne Zwänge. Wer

Lebendigkeit liebt, so meinte der US-Psychologe Abraham Maslow, ist schön: Jene Menschen, die überdurchschnittlich angenehm sind, sind die, welche das Leben zulassen.

Eine solche Haltung geht von echten, gefühlten Bedürfnissen aus, und nicht von vererbten Normen des Miteinanders. Sie braucht keine mühsame Schule dessen, was man tut und was nicht, weil alle lebenswichtigen Gefühle für das, was wir wirklich brauchen, bereits angeboren sind, weil ganz einfach und schlicht jedes positive Empfinden für die Befriedigung eines Bedürfnisses steht und jedes negative für dessen Nichterfüllung. Wir alle wissen am Beginn unseres Lebens, was für uns gut ist, und wir vermögen nur dann zu leuchten, wenn wir die Freiheit haben, diesem Guten zu folgen, ohne bewertet zu werden.

Diese Einstellung kann freilich niemals konkrete Bildungsziele formulieren. Sie ist frei. Sie ist offen, auch darum, weil jedes feste Ziel die fruchtbaren Momente des Scheiterns auslöschen müsste. Sie vermag entsprechend auch nicht »dem Staat« oder »der Wirtschaft« die dort gewünschten reibungslos funktionierenden Marktteilnehmer zu liefern. Sie ist offen wie die Naturgeschichte, in der sich aus einer unendlichen Verkettung prekärer Lebensentwürfe und existentieller Problematiken das Wunder der lebenden Vielfalt gebildet hat. Offen wie ein im Entstehen begriffenes Kunstwerk, das mit knappen Mitteln ein Problem nicht löst, sondern darauf mit Schönheit antwortet. Sie produziert im besten Fall Individuen, die ein natürliches Bedürfnis haben, mit ihrer Lebendigkeit andere anzustecken.

Der deutschen Pädagogik hingegen, auch der reformiertesten, ist jedes Scheitern suspekt. Sie übersieht, dass der Fehler der zentrale kreative Moment der Wirklichkeit ist; dass es ohne Fehler keine Lebendigkeit gibt. »Ich bin der Fehler in der Rechnung, ich bin das Leben«, schreibt Saint-Exupéry. Die Pädagogik denkt immer noch viel zu sehr vom Ziel her, vom Erwachsenen, der sich vorstellt, wozu etwas nütze sei, welchem Zweck etwas folgen solle. Aber die schönen Räume seiner neuen Montessorischule interessieren ein Kind möglicherweise überhaupt nicht, der Müllhaufen, den die Bauarbeiter zurückgelassen haben, möglicherweise schon. Wir sollten die Kreativität wieder vom

Kopf auf die Füße stellen, und das heißt, sie den Kindern zurückgeben, ohne dass wir vorher wissen, was passiert, wenn sie mit ihr zu spielen beginnen.

Kinder sind *von selbst wachsende Kunstwerke und ihre Künstler zugleich*. Sie bräuchten darum einen Künstler als Inspirator, einen Menschen, der *ihre Begeisterung* und ihre schöpferischen Impulse bewundert. Jemanden, der sich für Lebendigkeit begeistert. Jemanden, den das Erreichen von Zielen überhaupt nicht interessiert, der aber einen Blick für den Glanz in den Augen derjenigen hat, die wirklich unterwegs sind. Jemanden, der Lebendigkeit begrüßt, ohne auf Regeln zu achten, und Freiheit nur einschränkt, wenn sie die Lebendigkeit eines anderen zu beschneiden droht. Und *lebendig* gemacht zu werden, heißt, sein zu dürfen, wie man ist, gesehen zu werden, wie man ist, und in diesem Gesehensein geliebt zu sein.

Darum ist die erste Antwort auf die tödliche Verzweckung im Umgang mit unseren Kindern ein Gang nach draußen. Denn die Natur *nimmt uns wahr*, und zwar nicht nur als Menschen, als Kinder von Vätern und Müttern, sondern als Lebewesen und Kinder der Erde, als Lebendige. *Das* ist ihr Wert für unser Leben, nicht irgendein motorischer oder kognitiver Vorteil, der sich durch viel Draußenspielen einstellt. Die Tiere und Pflanzen sind lebendig wie wir, und ihre Summe, die ganze werdende Biosphäre, ist schlicht das Paradigma der Lebendigkeit. Darum nämlich, so der große US-amerikanische Wildnispädagoge Jon Young, »geht es gar nicht um Natur. Es geht um Existenz«. In der Natur sein heißt, angenommen zu sein. Heißt, die Freiheit geschenkt zu erhalten, seinen Bedürfnissen zu folgen, ohne sogleich einer Bewertung durch andere Menschen unterworfen zu sein. Heißt, auch im Scheitern, auch im Schmerz, in den Fallstricken und Pannen des Lebens gehalten zu sein. Denn in der Natur haben sich Scheitern – Tod – und Leben unentwirrbar verschlungen. Diese Denkfigur hat etwas von einem Echo der alten Idee göttlicher Gnade, die als bedingungslos gilt – auch wenn seit Jahrtausenden, wenn mindestens seit der steinzeitlichen Wende zur agrarischen Sesshaftigkeit immer wieder und von allen Seiten versucht wird, Bedingungen für das aufzustellen, was erforderlich ist, um dazuzugehören. Zur Natur hingegen gehören wir alle. Sie spricht ein bedingungsloses Esperanto, in dem wir unsere Emotionen ausgedrückt finden. Das ist ihre Grazie. Es ist der von aller Kleinlichkeit freie Edelmut, zum Leben einzuladen, bedingungslos, stets bereit, den reich gedeckten Tisch allen zugänglich zu machen und zu verschenken, was darauf ist.

Hier liegt der Sinn gelebter Existenz, wenn man die Welt als einen schöpferischen Kosmos versteht. Hier, nicht in der Erfüllung allein menschlicher Standards und sozialer Konventionen, die sich jederzeit zu ändern vermögen und immer wieder gerade ihre eifrigsten Parteigänger verraten. Hier, nicht im Erfüllen von Erwartungen, von elterlichen Projektionen und den gewalttätigen Standards einer Entwertungs-Ökonomie.

Der tiefere Sinn ist, der Lebendigkeit zu ihrem Recht zu verhelfen. Das Lebendige zu vermehren. Das wäre eine Schule und eine Erziehung, die ihre gewalttätige Sprache abgelegt hat und unseren humanen Bedürfnissen verpflichtet ist. Die nicht zur maßstabsgerechten Leistung nötigt, sondern zum Experimentieren und Neuschöpfen animiert. Die heilt, nicht sortiert, so wie der Wald, wie die im Abendwind wogenden Wiesenflächen einen jeden zu heilen vermögen, der nur hinschaut und das verrinnende Gold der letzten lichten Momente aufzunehmen vermag, wer auch immer sie erblickt.

Buchempfehlungen

DAVID ABRAM (2012): *Im Bann der sinnlichen Natur – die Kunst der Wahrnehmung und die mehr-als-menschliche Welt.* Klein Jasedow: Verlag think OYA. Der amerikanische Anthropologe, Dichter und Ökophilosoph erklärt auf eindringliche Weise, wie der Mensch in seinem Empfinden, seiner Sprache und seinem Fühlen von der Gegenwart der anderen Wesen hervorgebracht wird. Eines der großen Bücher unserer Zeit.

JOSEPH CORNELL (2006): *Mit Cornell die Natur erleben: Naturerfahrungsspiele für Kinder und Jugendliche.* Mülheim an der Ruhr: Verlag an der Ruhr. Klassiker der Draußenpädagogik.

ULRICH GEBHARD (2009): *Kind und Natur. Die Bedeutung der Natur für die psychische Entwicklung.* Wiesbaden: VS-Verlag für Sozialwissenschaften. Reich fundierte und gut lesbare Darstellung aus der psychologischen Pädagogik, warum Kinder die Gegenwart anderer Wesen für eine stabile Psyche brauchen. Standardwerk.

RICHARD LOUV (2011): *Das letzte Kind im Wald? Geben wir unseren Kindern die Natur zurück!* Weinheim: Beltz Verlag. Der amerikanische Journalist brachte die Naturnot der Kinder zuerst einem breiten Publikum nahe und kämpfte mit seinem »Children & Nature Network« für das Lebensrecht der Kinder auf Freiheit und Erfahrung.

ALICE MILLER (1983): *Am Anfang war Erziehung.* Frankfurt am Main: Suhrkamp Verlag. Eines der wichtigsten Bücher zur Idee einer humanen, lebensfördernden Kindheit und über die Rolle elterlichen und pädagogischen Machtmissbrauchs. Ein Jahrhundertwerk.

HERBERT ÖSTERREICHER, EDELTRAUT PROKOP (2006): *Kinder wollen draußen sein. Natur entdecken, erleben und erforschen.* Seelze: Friedrich / Kallmeyer Verlag. Inzwischen schon fast ein Klassiker mit einer Fülle von klugen Inspirationen. Sehr lebendig und künstlerisch.

GABRIELE POHL (2011): *Kindheit – aufs Spiel gesetzt. Vom Wert des Spielens für die Entwicklung des Kindes.* Berlin: Dohrmann Verlag.

Tiefgründiges Plädoyer der Kindertherapeutin und mehrfachen Mutter für Spielen als Lebensbewältigung und schöpferische Menschwerdung. Humanistisch, originell und liebevoll.

HERBERT RENZ-POLSTER (2011): *Menschenkinder. Plädoyer für eine artgerechte Erziehung.* München: Kösel-Verlag. Der Kinderarzt und Buchautor beschreibt, wie sehr wir den Impulsen unserer Lebendigkeit für eine gesunde Existenz vertrauen können. Eine Streitschrift gegen das tief verwurzelte Misstrauen gegenüber unseren eigenen vitalen Bedürfnissen.

ANDREAS WEBER (2008): *Alles fühlt. Mensch, Natur und die Revolution der Lebenswissenschaften.* Berlin: Berlin Verlag (Bloomsbury). Schilderung von Naturerfahrungen und Essay: Hier beschreibe ich meine Idee, warum wir Menschen, um uns selbst zu empfinden, die Gegenwart anderen Lebens brauchen – und verbinde sie mit einer neuen Biologie »fühlender Subjekte«.

ANDREAS WEBER (2012): *Mehr Matsch! Kinder brauchen Natur.* Berlin: Ullstein-Verlag. Hier beschreibe ich, warum eine wilde Kindheit gesund macht: Kinder brauchen Natur, die Gegenwart nichtmenschlicher Wesen, um selbst Mensch zu werden. Sie müssen spielen dürfen, um die schöpferische Welt, in der sie erwachsen werden, in sich zu erfahren.

JON YOUNG, ELLEN HAAS, EVAN MCGOWN: *Coyote's Guide to Connecting with Nature.* OWLink Media. »Es geht gar nicht um Natur«, sagt Jon Young. »Es geht um Existenz.« Young hat die indianische Lehre der Wildnis als Zugang zu den eigenen Gefühlen zu einer sensiblen und bewegenden Erfahrungswissenschaft entwickelt. Die deutsche Übersetzung ist in Arbeit, aber noch nicht erschienen.

Empfehlenswerte Adressen

Draußenkinder
Der Fachverband *Offene Arbeit mit Kindern und Jugendlichen e.V.* hat eine fantastische, leichtfüßige, kluge Web-Präsenz eingerichtet, aus der etwa hervorgeht, dass alle beliebten Kinderbücher vor allem solche Geschichten erzählen, in denen Kinder auf sich gestellt Abenteuer in einer von Erwachsenen nicht völlig kontrollierten Welt bestehen.
http://www.draussenkinder.info

Zürcher Naturschulen
Kontakt: Grün Stadt Zürich, Beatenplatz 2, 8001 Zürich, Dorothee Häberling, Tel. +41 44 4124643
Keine andere europäische Metropole räumt der Naturerfahrung von offizieller Seite so viel Raum ein wie Zürich. Zehn »Naturschulen« stehen Klassen offen, um Draußenerfahrungen zu stärken; eine Mobile Naturschuleinheit lässt sich von interessierten Lehrern anfordern.
http://www.stadt-zuerich.ch/content/ted/de/index/gsz/angebote_u_beratung/naturschulen.html

Berliner Naturerfahrungsräume /
Naturerfahrungsraum im Park auf dem Gleisdreieck
Folgendermaßen mit öffentlichen Verkehrsmitteln zu erreichen: Eingang Yorckstraße, S/U-Bhf. Yorckstraße, Bus M 19, N 7
Mit einem Pilotprojekt auf dem ehemaligen Bahngelände am »Gleisdreieck« mitten im umtriebigen Kreuzberg, unterstützt von der Stiftung Naturschutz, hat Deutschlands Hauptstadt zaghaft erlaubt, die Lebendigkeit der Kinder zu stärken. Mehr Areale sind in Planung, aber durch knappe Kassen unsicher.
http://www.gruen-berlin.de/parks-gaerten/park-am-gleisdreieck/projekte/naturerfahrungsraum

Natur- und Wildnisschule Wolfgang Peham
Kontakt: Freihorstfeld 2, 30559 Hannover, Tel. 0511 5199680
Peham ist einer der Pioniere der Wildnispädagogik mit jahrzehntelanger Erfahrung, geradezu so etwas wie der deutsche Jon Young. Kinder und Jugendliche können sich hier in wöchentlichen Wildnis-Scout-Kursen auf das Leben in der Natur einlassen lernen. Meist sind alle am Anfang ein bisschen schüchtern – und wollen am Ende nicht mehr zurückkehren.
www.wildniswissen.de

Der Autor

Dr. Andreas Weber, geb. 1967, studierte Biologie und Philosophie. Er ist Politikberater und Journalist und erhielt für seine *GEO*-Reportage »Lasst uns raus!« den *Deutschen Reporterpreis 2010*. Der Autor mehrerer Bücher, darunter *Mehr Matsch! Kinder brauchen Natur* und *Alles fühlt. Mensch, Natur und die Revolution der Lebenswissenschaften*, lebt mit seinen Kindern Emma und Max in Berlin und Varese / Ligurien.
www.autor-andreas-weber.de

© Valentina Bosio-Raynard